FREI LUÍS DE SOUSA

Almeida Garrett

TEXTO INTEGRAL

EDITORA AFILIADA

Os Objetivos, a Filosofia e a Missão da Editora Martin Claret

O principal Objetivo da MARTIN CLARET é continuar a desenvolver uma grande e poderosa empresa editorial brasileira, para melhor servir a seus leitores.

A Filosofia de trabalho da MARTIN CLARET consiste em criar, inovar, produzir e distribuir, sinergicamente, livros da melhor qualidade editorial e gráfica, para o maior número de leitores e por um preço economicamente acessível.

A Missão da MARTIN CLARET é conscientizar e motivar as pessoas a desenvolver e utilizar o seu pleno potencial espiritual, mental, emocional e social.

A MARTIN CLARET está empenhada em contribuir para a difusão da educação e da cultura, por meio da democratização do livro, usando todos os canais ortodoxos e heterodoxos de comercialização.

A MARTIN CLARET, em sua missão empresarial, acredita na verdadeira função do livro: o livro muda as pessoas.

A Martin Claret, em sua vocação educacional, deseja, por meio do livro, claretizar, otimizar e iluminar a vida das pessoas.

Revolucione-se: leia mais para ser mais!

MARTIN CLARET

COLEÇÃO A OBRA-PRIMA DE CADA AUTOR

Frei Luís de Sousa

Almeida Garrett

TEXTO INTEGRAL

MARTIN CLARET

CRÉDITOS

© *Copyright* desta edição: Editora Martin Claret Ltda., 2004

**IDEALIZAÇÃO E
COORDENAÇÃO**
Martin Claret

CAPA
Ilustração
Editora Martin Claret

MIOLO
Revisão
Mª de Fátima C. A. Madeira
Lucyana Rocha de O. Torchia

Projeto Gráfico
José Duarte T. de Castro

Direção de Arte
José Duarte T. de Castro

Digitação
Graziella Gatti Leonardo

Editoração Eletrônica
Editora Martin Claret

Fotolitos da Capa
OESP

Papel
Off-Set, 70g/m²

Impressão e Acabamento
Paulus Gráfica

Editora Martin Claret Ltda. – Rua Alegrete, 62 – Bairro Sumaré
CEP: 01254-010 – São Paulo – SP
Tel.: (0xx11) 3672-8144 – Fax: (0xx11) 3673-7146
www.martinclaret.com.br / editorial@martinclaret.com.br

Agradecemos a todos os nossos amigos e colaboradores — pessoas físicas e jurídicas — que deram as condições para que fosse possível a publicação deste livro.

1ª REIMPRESSÃO - 2009

PREFÁCIO

A história do livro e a coleção "A Obra-Prima de Cada Autor"

MARTIN CLARET

Que é o livro? Para fins estatísticos, na década de 60, a UNESCO considerou o livro "uma publicação impressa, não periódica, que consta de no mínimo 49 páginas, sem contar as capas".

O livro é um produto industrial.

Mas também é mais do que um simples produto. O primeiro conceito que deveríamos reter é o de que o livro como objeto é o veículo, o suporte de uma informação. O livro é uma das mais revolucionárias invenções do homem.

A *Enciclopédia Abril* (1972), publicada pelo editor e empresário Victor Civita, no verbete "livro" traz concisas e importantes informações sobre a história do livro. A seguir, transcrevemos alguns tópicos desse estudo didático sobre o livro.

O livro na Antiguidade

Antes mesmo que o homem pensasse em utilizar determinados materiais para escrever (como, por exemplo, fibras vegetais e tecidos), as bibliotecas da Antiguidade estavam repletas de textos gravados em tabuinhas de barro cozido. Eram os primeiros "livros", depois progressivamente modificados até chegar a ser feitos — em grandes tiragens — em papel impresso mecanicamente, proporcionando facilidade de leitura e transporte. Com eles, tornou-se possível, em todas as épocas, transmitir fatos, acontecimentos históricos, descobertas, tratados, códigos ou apenas entretenimento.

Como sua fabricação, a função do livro sofreu enormes modificações dentro das mais diversas sociedades, a ponto de constituir uma mercadoria especial, com técnica, intenção e utilização determinadas. No moderno movimento editorial das chamadas sociedades de consumo, o livro pode ser considerado uma mercadoria cultural, com maior ou menor significado no contexto socioeconômico em que é publicado. Como mercadoria, pode ser comprado, vendido ou trocado. Isso não ocorre, porém, com sua função intrínseca, insubstituível: pode-se dizer que o livro é essencialmente um instrumento cultural de difusão de idéias, transmissão de conceitos, documentação (inclusive fotográfica e iconográfica), entretenimento ou ainda de condensação e acumulação do conhecimento. A palavra escrita venceu o tempo, e o livro conquistou o espaço. Teoricamente, toda a humanidade pode ser atingida por textos que difundem idéias que vão de Sócrates e Horácio a Sartre e McLuhan, de Adolf Hitler a Karl Marx.

Espelho da sociedade

A história do livro confunde-se, em muitos aspectos, com a história da humanidade. Sempre que escolhem frases e temas, e transmitem idéias e conceitos, os escritores estão elegendo o que consideram significativo no momento histórico e cultural que vivem. E assim, fornecem dados para a análise de sua sociedade. O conteúdo de um livro — aceito, discutido ou refutado socialmente — integra a estrutura intelectual dos grupos sociais.

Nos primeiros tempos, o escritor geralmente vivia em contato direto com seu público, que era formado por uns poucos letrados, já cientes das opiniões, idéias, imaginação e teses do autor, pela própria convivência que tinha com ele. Muitas vezes, mesmo antes de ser redigido o texto, as idéias nele contidas já haviam sido intensamente discutidas pelo escritor e parte de seus leitores. Nessa época, como em várias outras, não se pensava no enorme percentual de analfabetos. Até o século XV, o livro servia exclusivamente a uma pequena minoria de sábios e estudiosos que constituíam os círculos intelectuais (confinados aos mosteiros no início da Idade Média) e que tinham acesso às bibliotecas, cheias de manuscritos ricamente ilustrados.

Com o reflorescimento comercial europeu em fins do século XIV, burgueses e comerciantes passaram a integrar o mercado livreiro da época. A erudição laicizou-se, e o número de escritores aumentou, surgindo também as primeiras obras escritas em línguas que não o latim e o grego (reservadas aos textos clássicos e aos assuntos considerados dignos de atenção).

Nos séculos XVI e XVII, surgiram diversas literaturas nacionais, demonstrando, além do florescimento intelectual da época, que a população letrada dos países europeus estava mais capacitada a adquirir obras escritas.

Cultura e comércio

Com o desenvolvimento do sistema de impressão de Gutenberg, a Europa conseguiu dinamizar a fabricação de livros, imprimindo, em cinqüenta anos, cerca de vinte milhões de exemplares para uma população de quase cem milhões de habitantes, a maioria analfabeta. Para a época, isso significou enorme revolução, demonstrando que a imprensa só se tornou uma realidade diante da necessidade social de ler mais.

Impressos em papel, feitos em cadernos costurados e posteriormente encapados, os livros tornaram-se empreendimento cultural e comercial: os editores passaram logo a se preocupar com melhor apresentação e redução de preços. Tudo isso levou à comercialização do livro. E os livreiros baseavam-se no gosto do público para imprimir, sobretudo, obras religiosas, novelas, coleções de anedotas, manuais técnicos e receitas.

O percentual de leitores não cresceu na mesma proporção que a expansão demográfica mundial. Somente com as modificações socioculturais e econômicas do século XIX — quando o livro começou a ser utilizado também como meio de divulgação dessas modificações, e o conhecimento passou a significar uma conquista para o homem, que, segundo se acreditava, poderia ascender socialmente se lesse — houve um relativo aumento no número de leitores, sobretudo na França e na Inglaterra, onde alguns editores passaram a produzir, a preços baixos, obras completas de autores famosos. O livro era então interpretado como símbolo de liberdade, conseguida por conquistas culturais. Entretanto, na maioria dos países, não houve nenhuma grande modificação nos índices percentuais até o fim da Primeira Guerra Mundial (1914/18), quando surgiram as primeiras grandes tiragens de livros, principalmente romances, novelas e textos didáticos. O número elevado de cópias, além de baratear o preço da unidade, difundiu ainda mais a literatura. Mesmo assim, a maior parte da população de muitos países continuou distanciada, em parte porque o livro, em si, tinha sido durante muitos séculos considerado objeto raro, passível de ser adquirido somente por um pequeno número de eruditos. A grande massa da população mostrou maior receptividade aos jornais, periódicos e folhetins, mais dinâmicos e atualizados, além de acessíveis ao poder aquisitivo da grande maioria.

Mas isso não chegou a ameaçar o livro como símbolo cultural de difusão de idéias, como fariam, mais tarde, o rádio, o cinema e a televisão.

O advento das técnicas eletrônicas, o aperfeiçoamento dos métodos fotográficos e a pesquisa de materiais praticamente imperecíveis fazem alguns teóricos da comunicação de massa pensar em um futuro sem os livros tradicionais, com seu formato quadrado ou retangular, composto de folhas de papel, unidas umas às outras por um dos lados.

Seu conteúdo e suas mensagens, racionais ou emocionais, seriam transmitidos por outros meios, como, por exemplo, microfilmes e fitas gravadas.

A televisão transformaria o mundo inteiro em uma grande "aldeia" (como afirmou Marshall McLuhan), no momento em que todas as sociedades decretassem sua prioridade em relação aos textos escritos.

Mas a palavra escrita dificilmente deixaria de ser considerada uma das mais importantes heranças culturais, para todos os povos.

E no decurso de toda a sua evolução, o livro sempre pôde ser visto como objeto cultural (manuseável, com forma entendida e interpretada em função de valores plásticos) e símbolo cultural (dotado de conteúdo, entendido e interpretado em função de valores semânticos). As duas maneiras podem fundir-se no pensamento coletivo, como um conjunto orgânico (em que texto e arte se completam, como, por exemplo, em um livro de arte) ou apenas como um conjunto textual (no qual a mensagem escrita vem em primeiro lugar — em um livro de matemática, por exemplo).

A mensagem (racional, prática ou emocional) de um livro é sempre intelectual e pode ser revivida a cada momento.

O conteúdo, estático em si, dinamiza-se em função da assimilação das palavras pelo leitor, que pode discuti-las, reafirmá-las, negá-las ou transformá-las. Por isso, o livro pode ser considerado um instrumento cultural capaz de liberar informação, sons, imagens, sentimentos e idéias através do tempo e do espaço.

A quantidade e a qualidade das idéias colocadas em um texto podem ser aceitas por uma sociedade, ou por ela negadas, quando entram em choque com conceitos ou normas culturalmente admitidas.

Nas sociedades modernas, em que a classe média tende a considerar o livro como sinal de *status* e cultura (erudição), os compradores utilizam-no como símbolo mesmo, desvirtuando suas funções ao transformá-lo em livro-objeto.

Mas o livro é, antes de tudo, funcional — seu conteúdo é que lhe confere valor (como os livros das ciências, de filosofia, religião, artes, história e geografia, que representam cerca de 75% dos títulos publicados anualmente em todo o mundo).

O mundo lê mais

No século XX, o consumo e a produção de livros aumentaram progressivamente. Lançado logo após a Segunda Guerra Mundial (1939/45), quando uma das características principais da edição de um livro era as capas entreteladas ou cartonadas, o livro de bolso constituiu um grande êxito comercial. As obras — sobretudo *best-sellers* publicados algum tempo antes em edições de luxo — passaram a ser impressas em rotativas, como as revistas, e distribuídas às bancas de jornal. Como as tiragens elevadas permitiam preços muito baixos, essas edições de bolso popularizaram-se e ganharam importância em todo o mundo.

Até 1950, existiam somente livros de bolso destinados a pessoas de baixo poder aquisitivo; a partir de 1955, desenvolveu-se a categoria do livro de bolso "de luxo". As características principais destes últimos eram a abundância de coleções — em 1964 havia mais de duzentas nos Estados Unidos — e a variedade de títulos, endereçados a um público intelectualmente mais refinado.

A essa diversificação das categorias adiciona-se a dos pontos-de-venda, que passaram a abranger, além das bancas de jornal, farmácias, lojas, livrarias, etc. Assim, nos Estados Unidos, o número de títulos publicados em edições de bolso chegou a 35 mil em 1969, representando quase 35% do total dos títulos editados.

Proposta da coleção
"A Obra-Prima de Cada Autor"

A palavra "coleção" é uma palavra há muito tempo dicionarizada, e define o conjunto ou reunião de objetos da mesma natureza ou que têm qualquer relação entre si. Em um sentido editorial, significa o conjunto não-limitado de obras de autores diversos, publicado por uma mesma editora, sob um título geral indicativo de assunto ou área, para atendimento de segmentos definidos do mercado.

A coleção "A Obra-Prima de Cada Autor" corresponde plenamente à definição acima mencionada. Nosso principal objetivo é oferecer, em formato de bolso, a obra mais importante de cada autor, satisfazendo o leitor que procura qualidade.*

Desde os tempos mais remotos existiram coleções de livros. Em Nínive, em Pérgamo e na Anatólia existiam coleções de obras literárias de grande importância cultural. Mas nenhuma delas superou a célebre biblioteca de Alexandria, incendiada em 48 a.C. pelas legiões de Júlio César, quando estes arrasaram a cidade.

A coleção "A Obra-Prima de Cada Autor" é uma série de livros a ser composta de mais de 400 volumes, em formato de bolso, com preço altamente competitivo, e pode ser encontrada em centenas de pontos-de-venda. O critério de seleção dos títulos foi o já estabelecido pela tradição e pela crítica especializada. Em sua maioria, são obras de ficção e filosofia, embora possa haver textos sobre religião, poesia, política, psicologia e obras de auto-ajuda. Inauguram a coleção quatro textos clássicos: *Dom Casmurro*, de Machado de Assis; *O Príncipe*, de Maquiavel; *Mensagem*, de Fernando Pessoa e *O Lobo do Mar*, de Jack London.

Nossa proposta é fazer uma coleção quantitativamente aberta. A periodicidade é mensal. Editorialmente, sentimo-nos orgulhosos de poder oferecer a coleção "A Obra-Prima de Cada Autor" aos leitores brasileiros. Nós acreditamos na função do livro.

---

* Atendendo a sugestões de leitores, livreiros e professores, a partir de certo número da coleção, começamos a publicar, de alguns autores, outras obras além da sua obra-prima.

Apresentação*

ANTONIO SOARES AMORA

"*A história de Garrett — disse-o, com acerto, o seu mais minucioso biógrafo, Gomes de Amorim — é inseparável do seu tempo.*" *Mas se é certo dizer que Garrett, nascido em 1799 e morto em 1854, foi, em todos os aspectos da sua existência, um homem típico do Portugal da primeira metade do século XIX, ou mais explicitamente, do Portugal da revolução liberal e romântica, por outro lado também é certo afirmar que, sem a história de Garrett, não entenderemos os aspectos essenciais da vida e da cultura portuguesa de seu tempo.*

Dotado, a par de invulgar talento, de um espírito sempre ávido de modernizar-se, e se evidenciar em qualquer situação — desde 1822, quando se lançou como escritor de grande público, com uma obra de escândalo, O Retrato de Vênus, *até morrer, com 55 anos — sempre impôs, na vida política, social e intelectual portuguesa, a sua presença atuante, influente e quase sempre dominante; e no seu caso, já se disse há muito, essa presença não foi apenas de ação pública e literária; foi também, e muito particularmente, de toda uma maneira de ser, muito marcante e insinuante, pois ninguém mais do que ele cultivou, na época, em Portugal, e no estrangeiro onde esteve em missões diplomáticas, a sedução pessoal, feita de elegância no vestir, de finura nas maneiras, de muito espírito na*

---

* Fonte: *Clássicos Garnier, Frei Luís de Sousa / Viagem na Minha Terra*, Difusão Européia do Livro, São Paulo, 1965.

conversa, de delicadezas de sentimento no trato das mulheres, e de calor humano no trato de todas as pessoas.

Fruto de sua época mas ao mesmo tempo marcando-a muito com sua presença e sua ação, Garrett acabou por ser o único homem, do Portugal do Liberalismo e do Romantismo, de cuja morte se disse, com toda a justiça, que deixou um vazio difícil de preencher. E assim se entende por que, logo após o seu desaparecimento, procurou-se compensar a sua falta com o culto da sua personalidade e da sua obra, culto que produziu uma ilustre linhagem de garrettistas, dentre os quais se sobressaíram Gomes de Amorim e Ferreira Lima, e a organização de preciosas garrettianas, como foi a do mesmo Ferreira Lima e é hoje a da Biblioteca Geral da Universidade de Coimbra.

Mas a presença de Garrett não foi altamente significativa apenas em Portugal; na medida em que a distância o permitiu, e na ordem do relativo, também no Brasil essa presença foi viva e influente. Em 1826, no Parnaso Lusitano, *a par de entusiásticas referências às notas brasileiras do* Uraguai, *de Basílio da Gama, fez ainda caloroso apelo aos intelectuais brasileiros, no sentido de que se libertassem dos vínculos com a literatura clássica, de tradição européia, e realizassem, com a tomada de consciência de sua realidade americana e nacional, uma literatura que fosse livre e original como a nova pátria que começavam a construir. Pouco depois, muito íntimas foram suas relações com Manuel Araújo Porto Alegre, que lhe pintou em Paris, em 1833, famoso retrato; e mais ou menos estreitas foram ainda suas relações, de então por diante, com outros brasileiros, como Domingos José Gonçalves de Magalhães e Varnhagen; e amando o Brasil, mesmo sem o conhecer de perto, interessado literariamente pela sua matéria mítica indianista e pelo pitoresco de sua natureza e de seus costumes, se não chegou a escrever sobre o Brasil uma obra, fez pelo menos duas tentativas nesse sentido: uma, na altura dos anos de 1830, e é a "história brasileira"* Comuraí; *outra, são os capítulos do romance inacabado,* Helena, *passados na Bahia. E se o Brasil foi, desde sempre, para Garrett, um país por que teve estima, interesse e entusiasmo, em contrapartida, não faltou da parte dos brasileiros, de um lado, grande estima pelo Poeta que iniciara a reforma romântica da literatura de língua portuguesa; de outro, a acolhida das mais insinuantes sugestões de sua personalidade e de sua obra, como demonstraram vários estudiosos da sua influência no Brasil, particularmente Ferreira Lima, Farinelli e Carlos de Assis Pereira (v. bibl.).*

Da ampla e poligráfica obra de Garrett, já foram consagrados como pontos mais altos, o poema Camões, *publicado em Paris, em 1825;* O Romanceiro, *começado a editar em 1828, em Londres; o drama* Frei Luís de Sousa, *representado e publicado em 1843, em Lisboa; o livro, de variada matéria,* Viagens na Minha Terra, *publicado em volume, em 1846, e, finalmente, as* Folhas Caídas, *poemas lírico-amorosos, saídos em 1853.*

Camões *é, sabidamente, a primeira obra romântica da literatura em língua portuguesa; mas a significação do poema não é apenas histórica; é sobretudo estética: bela, comovida e comovente biografia poética do excelso Poeta, visto na grandeza de seu espírito, de sua inspiração lírica e épica, de seu patriotismo e de seu pungente drama de exilado que volta à Pátria para sofrer todas as ingratidões dos contemporâneos e para ver a mesma Pátria morrer em "apagada e vil tristeza", depois de sua epopéia dos descobrimentos e conquistas. O amor da Pátria, a paixão pela sua grandeza passada, a esperança da reconquista dessa grandeza, o sofrimento ante suas desditas, a saudade dela em acerbo exílio, a inconformação do mais puro e intenso sentimento patriótico ante um governo e uma classe dominante impatrióticos — eram sentimentos que Garrett, nos seus vinte e cinco anos, via em Camões; e pôde dar a esses sentimentos veemente expressão, porque eram também os sentimentos que o dominavam, bem como a todos os seus contemporâneos, perseguidos e deportados, de Portugal e de outros países, da Europa e da América, pela luta contra o absolutismo e o despotismo, e pela defesa do liberalismo. O poema* Camões *veio assim a expressar, com veemência e oportunidade, o que era um sentimento de uma época: daí seu imediato êxito, em todo o sentido merecido.*

O Romanceiro, *saído em 1828, e de que publicou Garrett, depois, mais três volumes, deu pela primeira vez aos portugueses a medida da riqueza e da significação literária de suas mais autênticas tradições poéticas. Em romances como a* Bela Infanta, Dom Beltrão, A Nau Catarineta, Miragaia, *e dezenas de outros, carinhosamente recolhidos em vários pontos do país e criteriosamente tratados do ponto de vista literário, ofereceram aos leitores portugueses, numa primeira coleção, o seu passado cavaleiresco, místico, marítimo e sentimental, naquilo que a raça portuguesa possuía de mais profundo e permanente* em matéria de sentimento religioso, heróico e amoroso. O Romanceiro despertou, no Portugal romântico, o gosto das velhas tradições nacionais e da poesia popular; a acolhida que o público lhe dispensou foi entusiástica, e à iniciativa do Poeta, seguiram-se muitas outras obras do mesmo ou semelhante gênero.

Folhas Caídas, em que a maledicência de muitos contemporâneos viu apenas a confissão dos estados emocionais do Poeta, dominado pelo seu último grande amor (pela Viscondessa da Luz), muito mais que uma obra lírica de circunstância e de indiscretas confidências de uma "paixão censurável" e "outoniça", é, como acabaram por reconhecer os mais autorizados críticos do famoso e formoso livro, uma das expressões "mais eloqüentes do lirismo moderno", isto é, do lirismo romântico. Em toda a poesia romântica portuguesa não se escreveram poemas de amor tão intensamente emotivos, tão lúcidos na análise de uma paixão, tão ricos de experiência sentimental, tão delicados no retrato dos encantos e seduções femininas, e tão belos. É, sem favor, uma das obras-primas do lirismo amoroso em língua portuguesa.

Frei Luís de Sousa, drama inspirado na tradição de um complicado e doloroso episódio matrimonial vivido, no fim do século XVI, por Madalena de Vilhena, viúva de D. João de Portugal, desaparecido com D. Sebastião, em Alcácer-Quibir, e D. Manuel de Sousa Coutinho, mais tarde o notável historiador e prosador Frei Luís de Sousa — foi escrito em dois meses, em 1844, numa altura em que Garrett atingia sua plena maturidade literária (lembremo-nos que do mesmo ano são as Viagens na Minha Terra) e chegava, por fim, ao completo domínio de todos os recursos da criação dramática.

Tão logo representado (no teatro particular da Quinta do Pinheiro e para uma seleta sociedade lisboeta) e publicado em volume, no mesmo ano de 43, o drama sem dificuldade conquistou os aplausos do público e os interesses da crítica nacional e estrangeira. E esses aplausos e interesses, que até hoje não faltaram à extraordinária peça, é de crer serão perenes, tais as suas altas qualidades estéticas e teatrais.

Os estudos críticos do Frei Luís de Sousa são inumeráveis, e de modo geral podemos dizer que se têm dirigido em três sentidos: explicar a gênese da obra, descobrir suas principais intenções e definir suas qualidades essenciais. Quanto à gênese, já se apontaram as fontes mais diretas e relevantes da "fábula" e as sugestões que *influíram na interpretação dramática que lhe deu Garrett; quanto às qualidades, tem a crítica acordado em que são ímpares, e que consistem sobretudo na simplicidade do enredo, na concentração dos efeitos dramáticos, na economia e propriedade dos recursos expressivos, na verossimilhança e força dos caracteres e no achado de uma essência trágica, isto é, de uma situação "catastrófica" e portanto sem solução, essência essa intuída em profundidade e tratada com perfeição. Quanto à intenção do Autor, é que a crítica não chegou a um acordo. Teria Garrett procurado pôr em evidência um exemplo de acrisolado e perfeito sentimento patriótico, o que era o caso de D. Manuel de Sousa Coutinho, a resistir, na medida de todas as suas forças, contra a ocupação espanhola de Portugal? Ou, mais profundamente, teria querido Garrett evidenciar a dolorosa situação de uma filha, ilegítima para os preconceitos de uma sociedade, o que era o caso de sua filha Maria Adelaide, e também de Maria, filha de D. Manuel e D. Madalena? Ou, finalmente, teria desejado fazer sentir as imensas, insolúveis e trágicas contradições do coração humano, dominantes nos protagonistas da peça, e não menos dominantes no seu próprio coração? Não creio que interesse ao leitor, que procura nas obras a força de suas verdades humanas e o belo da sua expressão, a discussão desses problemas. Sem dúvida, o que lhe interessa é saber que, com mais ou menos evidência, tais são as principais intenções da peça, e que essas intenções, bem como todas as que enformaram a obra, tiveram plena realização, e* Frei Luís de Sousa *veio a ser uma das grandes obras da literatura dramática universal.*

Viagens na Minha Terra, *iniciado também em 1843, publicado os primeiros capítulos nesse ano e em obra completa em 1846 (daí falar o Autor, nessa altura, em segunda edição), é, à primeira leitura, como bem previu o Autor, um livro "despropositado e inclassificável" (cap. XXXII). Lido, no entanto, atentamente, é uma obra orgânica, em que se podem ver, num sentido, as observações e os comentários do Escritor, feitos a propósito de breve e curta viagem de Lisboa a Santarém, em 1843, na companhia de alguns amigos; noutro sentido, é obra de digressões de vária natureza, políticas, sociais, históricas, econômicas, literárias, e ainda de confissões pessoais, e que apresenta, entre as digressões, a história sentimental de Carlos e Joaninha, vivida em 1834, no fim das lutas liberais.*

A um leitor brasileiro poderia parecer, em princípio, que não podem prendê-lo, ou pelo menos interessar, as observações de viagem do Escritor, a análise de seus estados de espírito e de alma, as confissões de suas intimidades sentimentais, morais, doutrinárias, intelectuais, suas digressões pelos mais variados assuntos, e a história dos amores do jovem Carlos, "alter ego" do Autor, com seu complicado coração, e seu final rebate de consciência moral, bem como a história da paixão da singela, pura e adorável Joaninha, a Menina dos Rouxinóis, pelo primo. Iniciada, no entanto, a leitura da obra, sente o leitor, logo às primeiras linhas, que está diante de um prosador admirável, ameno, espirituoso, sedutor — o que o faz, desde logo, compreender por que tem sido unânime a crítica em afirmar que foi Garrett, depois de três séculos de literatura clássica portuguesa, o mais talentoso renovador da prosa em nossa língua. E ao chegar ao fim da obra, terá a convicção de ter lido um dos mais belos e proveitosos livros da literatura em língua portuguesa. Aí está um retrato completo do Portugal da época do Liberalismo e do Romantismo: sua vida política, social, econômica, moral, literária; aí está, como que numa pintura de fundo, o que o sentimento e o idealismo de Garrett (e dos grandes homens de sua geração) viram como os altos valores da terra, da gente e da civilização portuguesa, quer em termos dos valores plásticos e pitorescos das paisagens e dos usos e costumes populares, quer em termos de valores acumulados, desde o século XII, em ações históricas, em instituições, em monumentos de arte; e aí está, nesse delicioso livro, que só um belo espírito e um excepcional prosador poderia escrever, um dos melhores estudos românticos do coração humano, nas suas necessidades, nas suas fraquezas, nas suas contradições, nas suas tragédias, mas também nas suas forças, nas suas grandezas e belezas.

Prefácio da 1ª edição

*N*ão havia a mínima tenção de entregar nunca à cena Frei Luís de Sousa, nem tão cedo à imprensa, quando se acabou de compor nos fins do inverno passado. Resolveu, porém, o autor apresentá-lo ao Conservatório, com a memória que adiante vai transcrita, em testemunho de consideração por aquele estabelecimento que fundara.

Lida a memória em conferência, segundo o costume acadêmico, e deposta na mesa, com o drama, foram gerais as instâncias para que este se lesse também. O autor não se fez muito rogar, porque bem desejava observar o efeito que produziria em auditório tão escolhido a sua nova tentativa.

Se o não iludiu a cegueira de poeta, nem o quis enganar a benevolência dos muitos amigos que ali estavam, o efeito foi maior do que nunca se atreveriam a prevê-lo as mais sangüíneas esperanças do escritor mais seguro de si e do seu público.

A imprensa fez eco ao favorável juízo do Conservatório; e o drama teve a boa estréia de começar a ser benquisto do público antes ainda de lhe ser apresentado.

Foi isso causa de lhe pedirem, e o autor fazer com muito gosto, outra leitura dele na sociedade íntima de uma família que preza como sua e à qual o prendem de sincera e estreita amizade — não só, nem tanto, as relações de algum contraparentesco, mas muito mais as de afeição verdadeira, de estima bem fundada e experimentada em qualidades que se vão fazendo cada dia mais raras nesta terra.

Em tudo e sempre — exceto numa coisa que não vem para aqui

— se pode e deve ter mais fé, nas mulheres que nos homens: em coisas de arte o seu voto é decisivo. Desde aquela leitura o autor começou a acreditar na sua obra como composição dramática, pois até então ingenuamente a reputava mais um estudo para se examinar no gabinete, do que próprio quadro para se desenrolar na exposição pública da cena.

Resolveu-se ali logo, e na excitação do momento, representar o drama em um teatro particular. Distribuíram-se as partes, começaram os ensaios, e em poucas semanas, apesar de todas as dificuldades, subiu à cena na quinta do Pinheiro, a cujos amáveis donos não há obséquio nem fineza que não deva o autor e a peça.

O teatro é pequeno, mas acomoda muita gente; e encheu-se do que há mais luzido e brilhante na "sociedade". As lágrimas das senhoras e o aplauso dos homens fizeram justiça ao incomparável mérito dos atores, principalmente das damas, a quem, sem a menor sombra de lisonja, nem sequer de cumprimento, o autor pode dizer que deve a mais apreciável coroa literária que ainda recebeu.

Na tribuna e no foro, nos teatros e nas academias, nas assembléias do povo e nos palácios dos reis, em toda a parte lhe têm cortado dessas palmas que verdejam um dia, que hoje dá o favor, que amanhã tira a inveja; que, enquanto estão no viço, fazem curvar o joelho ao vulgo dos pequenos, e ao vulgo — muito mais vulgo — dos grandes; mas que em secando, no outro dia, são açoite que empunha logo a vileza desses covardes para se vingarem nas costas do que os humilhou, e a quem não perdoam o tempo que estiveram de joelhos... Coitados! Pois não é essa a sua vida, a sua posição natural? É; mas querem fingir, de vez em quando, que não, e que podem estar direitos como a gente de bem. O autor de Frei Luís de Sousa avalia isso no que isso vale; e só pendura destoutras coroas no templo singelo da sua memória, onde o fasto nunca entrou nem foi adorada a vaidade.

Para lembrança daquela noite de satisfação tão pura, se escrevem aqui os nomes dos amáveis artistas que verdadeiramente foram os que realizaram e deram vida às vagas concepções que o poeta esboçara neste drama. Eram distribuídos os papéis deste modo:

Ex.^{mos} Srs.
D. Emília Krus de Azevedo .... Madalena.
D. Maria da Conceição de Sá .... Maria.
Joaquim José de Azevedo .... Manuel de Sousa.

Antônio Pereira da Cunha .... *Frei Jorge.*
Duarte Cardoso de Sá .... *Romeiro.*
Antônio Maria de Sousa Lobo .... *Prior.*
Duarte de Sá Júnior .... *Miranda.*

O autor supriu, no papel de Telmo, a falta de um amigo impossibilitado. Ponto, coros, e os mesmos comparsas, tudo eram parentes ou amigos íntimos.

Faz gosto recordar todas estas circunstâncias: é roubar uma página à monótona história da sensaboria do tempo.

Lisboa, 31 de dezembro de 1843.

Ao Conservatório Real[1]

Senhores:

U m estrangeiro fez, há pouco tempo, um romance da aventurosa vida de Frei Luís de Sousa. Há muito enfeite de maravilhoso neste livro, que não sei se agrada aos estranhos; a mim, que sou natural, pareceu-me empanar a singela beleza de tão interessante história. Exponho um sentimento meu; não tive a mínima idéia de censurar, nem sequer de julgar a obra a que me refiro, escrita em francês, como todos sabeis, pelo nosso consócio o Sr. Fernando Dinis.

É singular condição dos mais belos fatos e dos mais belos caracteres que ornam os fastos portugueses, serem tantos deles, quase todos eles de uma extrema e estreme simplicidade. As figuras, os grupos, as situações da nossa história — ou da nossa tradição — que para aqui tanto vale — parecem mais talhados para se moldarem e vazarem na solenidade severa e quase estatuária da tragédia antiga, do que para se pintarem nos quadros, mais animados talvez, porém menos profundamente impressivos, do drama novo — ou para se entrelaçarem nos arabescos do moderno romance.

Inês de Castro, por exemplo, com ser o mais belo, é também o mais simples assunto que ainda trataram poetas. E por isso todos ficaram atrás de Camões, porque todos, menos ele, o quiseram enfeitar julgando dar-lhe mais interesse[2].

---

[1] Memória lida no Conservatório Real de Lisboa, 6 de maio de 1843.

[2] Profunda observação de Mr. Adamson, citando um crítico alemão, a respeito das causas por que entre tantas tragédias de *Inês de Castro*,

Na história de Frei Luís de Sousa — como a tradição a legou à poesia, e desprezados para este efeito os embargos da crítica moderna — a qual, ainda assim, tão somente alegou mas não provou — nessa história, digo, há toda a simplicidade de uma fábula trágica antiga. Casta e severa como as de Ésquilo, apaixonada como as de Eurípedes, enérgica e natural como as de Sófocles, tem, mais do que outras, aquela unção e delicada sensibilidade que o espírito do

---

portuguesas, castelhanas, francesas, inglesas e alemãs, nenhuma tinha saído verdadeiramente digna do assunto. Veja *Memoirs of Camoens* de John Adamson.

Inês de Castro, o mais belo e poético episódio do riquíssimo *romance* da história portuguesa, está por tratar ainda, ou eu muito me engano. Camões fez o que fizeram todos os grandes poetas nacionais chamados por sua augusta missão a enfeixar, num magnífico e perpétuo monumento, todas as glórias, todas as tradições poéticas de um povo: este é o caráter da sua epopéia e de todas as verdadeiras epopéias; fixam as crenças e a história maravilhosa de uma nação, são elas mesmas parte consubstancial, típica e quase hierática dessa nacionalidade que consagraram pela religião da poesia. Tais foram para os gregos os dois poemas de Homero, para os persas o *Scháhnámeh* (Livro dos Reis) de Firdusi, para os povos do norte o *Niebelungen*, para as nações cristãs do meio-dia o *Orlando* de Ariosto. E por isto nos mais antigos se duvida ainda hoje de seu verdadeiro autor, que alguns não querem que seja senão coletor, como o nome de rapsódias, dado aos contos de Homero, parece inculcar.

Nem eu nem o lugar somos próprios para se decidir a questão. O que para mim é decidido é que o nosso Homero português deu ao seu poema o cunho e caráter de epopéia nacional quando nele reuniu todas as nossas mais queridas memórias e recordações antigas, desde Viriato, o vencedor dos romanos, até D. João de Castro, o triunfador romano. Assim juntou todas as rapsódias do romance português, e fez a *Ilíada* dos Lusitanos. Inês de Castro entrou no quadro como ele a achou nas tradições populares, e nas crônicas velhas, que pouco mais eram do que as tradições populares, escritas —, ou como então se diria, "postas por escritura". A pintura é rápida, e bela da simplicidade antiga dos grandes pincéis, como só os sabe menear a poesia popular; não peca senão nos ornatos clássicos do mau gosto da Renascença a que por vezes sacrificou o grande poeta; tal é a fala de Inês a el-rei...

O romance de Garcia de Resende não tem esse defeito; tem menos dele a tragédia de Antônio Ferreira, apesar de tão moldada pelos exemplares gregos. Mas estas são as três composições sobre Inês de Castro que verdadeiramente se aproximaram do assunto. O mais tudo que produziu a literatura portuguesa e castelhana, e que reproduziram tão descorado as estranhas, está abaixo da craveira.

Cristianismo derrama por toda ela, molhando de lágrimas contritas o que seriam desesperadas ânsias num pagão, acendendo até nas últimas trevas da morte, a vela da esperança que se não apaga com a vida.

A catástrofe é um duplo e tremendo suicídio; mas não se obra pelo punhal ou pelo veneno: foram duas mortalhas que caíram sobre dois cadáveres vivos: — jazem em paz no mosteiro, o sino dobra por eles; morreram para o mundo, mas vão esperar ao pé da Cruz que Deus os chame quando for a sua hora.

A desesperada resignação de Prometeu cravado de cravos no Cáucaso, rodeado de curiosidades e compaixões, e com o abutre a espicaçar-lhe no fígado, não é mais sublime. Os remorsos de Édipo não são para comparar aos esquisitos tormentos de coração e de espírito que aqui padece o cavalheiro pundonoroso, o amante delicado, o pai estremecido, o cristão sincero e temente do seu Deus. Os terrores de Jocasta fazem arrepiar as carnes, mas são mais asquerosos do que sublimes — a dor, a vergonha, os sustos de D. Madalena de Vilhena revolvem mais profundamente no coração todas as piedades, sem o paralisar de repente com uma compressão de horror que excede as forças do sentimento humano. A bela figura de Manuel de Sousa Coutinho próximo à angélica e resignada forma de D. Madalena, amparando em seus braços entrelaçados o inocente e mal estreado fruto de seus fatais amores, formam naturalmente um grupo, que se eu pudesse tomar nas mãos o escopro de Canova ou de Torwaldson[3]; — sei que o desentranhava de um cepo de mármore

---

Excetuemos todavia as crônicas antigas, que são mais poéticas na sua prosa tão sincera, do que a maior parte dos poetas, que as traduziram para a afetação das suas rimas.

Não haverá um português que se afoite a competir por este grande prêmio, o maior que a literatura pátria tem levantado no meio da arena poética? Precisa, é verdade, ser um Shakespeare ou um Schiller; sobretudo precisa esquecer todos os exemplares clássicos e românticos, não querer fazer à Racine ou à Vitor Hugo, à maneira deste grego ou daquele outro latino ou destoutro inglês, e criar-se a si, para o assunto. O que principalmente falta é esta resolução.

[3] Não escrevi esta frase à toa: é uma convicção minha que na poesia da linguagem o gênero paralelo à estatuária é a tragédia: assim como a epopéia à grande arquitetura: e os outros gêneros, espécies e variedades literárias aos seus correspondentes na pintura: ode à alegoria, idílio à paisagem, epigrama à caricatura, romance e drama ao quadro histórico, e

de Carrara com mais facilidade, e decerto com mais felicidade, do que tive em pôr o mesmo pensamento por escritura nos três atos do meu drama.

Esta é uma verdadeira tragédia — se as pode haver, e como só imagino que as possa haver sobre fatos e pessoas comparativamente recentes[4]. Não lhe dei todavia esse nome porque não quis romper de viseira com os estafermos respeitados dos séculos que, formados de peças que nem ofendem nem defendem no atual guerrear, inanimados, ocos e postos ao canto da sala para onde ninguém vai de propósito — ainda têm contudo a nossa veneração, ainda nos inclinamos diante deles quando ali passamos por acaso.

Demais, posto que eu não creia no verso como língua dramática possível para assuntos tão modernos, também não sou tão desabusado contudo que me atreva a dar a uma composição em prosa o título solene que as musas gregas deixaram consagrado à mais sublime e difícil de todas as composições poéticas.

O que escrevi em prosa, pudera escrevê-lo em verso — e o nosso verso solto está provado que é dócil e ingênuo bastante para dar todos os efeitos da arte sem quebrar na natureza[5]. Mas sempre

---

assim os mais. A música segue as divisões da poesia falada, cuja irmã gêmea nasceu. Ao cabo, a *arte* é uma só, expressada por variados modos segundo são variados os sentidos do homem. Em vez de tantos mestres de retórica e poética, ou de literatura como agora creio que se chamam, um só que desenvolvesse esta doutrina tão simples como verdadeira, aproveitava no curso de um ano o que eles perdem e têm perdido em muitas dezenas.

[4] Racine desculpa-se de ter posto na cena trágica um assunto tão moderno como Bajazet, julgando suprido o defeito da idade com a distância do lugar, a diversidade dos costumes e o mistério das coisas do serralho. Nos assuntos nacionais, porém, ao menos para nós, há um termo além do qual a cena não suporta o verso. D. Sebastião é talvez o último caráter histórico a quem ainda pudéssemos ouvir recitar hendecassílabos: daí para cá duvido. Do tempo de Frei Luís de Sousa pode ser que ainda se ature o verso em assunto ou bem trágico ou bem heróico: dependerá porém muito do modo por que os fizerem, e os declamarem, os tais versos.

[5] Todavia o ritmo dramático está ainda por aferir entre nós. Nem os gregos nem os latinos nem os ingleses nem os alemães escreveram as suas tragédias no mesmo metro que as suas epopéias. Fazem-no os franceses porque mais não podem, com a mofina língua que Deus lhes deu. Os castelhanos também não punham no teatro quase outro verso mais que a rodondilha popular. Gil Vicente usou de todos os metros possíveis em

havia de aparecer mais artifício do que a índole especial do assunto podia sofrer. E di-lo-ei porque é verdade — repugnava-me também pôr na boca de Frei Luís de Sousa outro ritmo que não fosse o da elegante prosa portuguesa que ele, mais do que ninguém, deduziu com tanta harmonia e suavidade. Bem sei que assim ficará mais clara a impossibilidade de imitar o grande modelo; mas antes isso, do que fazer falar por versos meus o mais perfeito prosador da língua.

Contento-me para a minha obra com o título modesto de drama; só peço que a não julguem pelas leis que regem, ou devem reger, essa composição de forma e índole nova; porque a minha, se na forma desmerece da categoria, pela índole há de ficar pertencendo sempre ao antigo gênero trágico.

Não o digo por me dar aplauso, nem para obter favor tampouco; não porque o fato é esse, e para que os menos refletidos me não julguem sobre dados falsos e que eu não tomei para assentar o problema que procurava resolver[6].

---

português mas raríssima vez do hendecassílabo. E todavia este é quase o único a que a prosódia da língua dá harmonia e força bastante para soar bem sem rima. Que se há de fazer? Variar-lhe o ritmo, quebrar-lhe a monotonia da cadência, como fez Alfieri, a quem todavia o toscano faltou com as desinências fortes que não tem, e que no português abundam tanto.

Quanto para a tragédia, creio que é este o único expediente; noutros gêneros de drama entendo que se pode tentar o exemplo dos castelhanos.

Ainda hoje o Sr. Breton de los Herreros e o próprio Sr. Martinez de la Rosa estão metrificando comédias, puramente comédias, em verso de redondilha, o octossílabo que não menos popular e natural é nesta nossa que naquela outra língua das Espanhas.

Destas e de outras coisas que tais é que se devia ocupar a nossa Academia e o nosso Conservatório.

[6] Uma obra de arte, seja qual for, não pode ser julgada pelas regras que à crítica lhe apraz estabelecer-lhe, senão pelas que o autor invocou e tomou para sua norma. De não entenderem ou não quererem entender este princípio de eterna verdade e justiça, os encontrados anátemas com que, vai um século, se estão fulminando clássicos e românticos uns aos outros. O teatro inglês era uma galeria de monstruosidades repugnantes para Voltaire e para toda a Academia francesa: as mais suaves modulações da musa de Racine pareceram *trillos* de capados da capela do papa a Schlegel e a toda a escola shakespeareana de além do Reno e da Mancha.

Qual tinha razão? Nenhum.

Não sei se o fiz: a dificuldade era extrema pela extrema simplicidade dos meios que adotei. Nenhuma ação mais dramática, mais trágica do que esta, mas as situações são poucas: estender estas de invenção era adelgaçar a força daquela, quebrar-lhe a energia. Em um quadro grande, vasto — as figuras poucas, as atitudes simples, é que se obram os grandes milagres da arte pela correção no desenho, pela verdade das cores, pela sábia distribuição da luz.

Mas ou se há de fazer um prodígio ou uma sensaboria. Eu sei a que empresa de Ícaro me arrojei, e nem tenho mares a que dar nome com a minha queda: elas são tantas já!

Nem amores, nem aventuras, nem paixões, nem caracteres violentos de nenhum gênero. Com uma ação que se passa entre pai, mãe e filha, um frade, um escudeiro velho, e um peregrino que apenas entra em duas ou três cenas — tudo gente honesta e temente a Deus — sem um mau para contraste, sem um tirano que se mate ou mate alguém, pelo menos no último ato, como eram as tragédias dantes — sem uma dança macabra de assassínios, de adultérios e de incestos, tripudiada ao som das blasfêmias e das maldições, como hoje se quer fazer o drama — eu quis ver se era possível excitar fortemente o terror e a piedade — ao cadáver das nossas platéias; gastas e caquéticas pelo uso contínuo de estimulantes violentos, galvanizá-lo com só estes dois metais de lei[7].

Repito sinceramente que não sei se o consegui; sei, tenho fé certa que aquele que o alcançar, esse achou a tragédia nova, e calçou justo no pé o coturno das nações modernas; esse não aceite das

---

[7] Neste ponto sou mais clássico do que Aristóteles, mais estacionário que o velho Horácio, e mais ortodoxo do que Racine. Na tragédia e no drama trágico não podem entrar outros afetos. O horror, o asco, serão bons — não sei se são — para o drama a que, por falta de melhor nome talvez, chamam grande. Este último gênero porém, que muitos querem que não seja senão uma espécie híbrida ou uma aberração, este gênero, digo, tem sobretudo provado a sua incapacidade para exercer o predomínio na Cena, pela desmoralização artística com que tem corrompido o público. Símbolo e reflexo da anarquia, não põe limites aos desejos, devassa e franqueia tudo; em pouco tempo gasta-se, como ela, sobre si mesmo. Não lhe fica mais que dar nem que esperar. A tendência natural do público, depois das saturnais da escola ultra-romântica, é portanto toda para a ordem, para as regras, para o regime da moderação. Felizmente, na literatura não há oligarquias, à espreita, destes cansaços e tendências populares, para as granjear fraudulentamente em proveito do privilégio e do absolutismo.

turbas o τράγος consagrado, o bode votivo; não subiu ao carro de Téspis, não besuntou a cara com borras de vinho para fazer visagens ao povo[8], esse atire a sua obra às disputações das escolas e das parcialidades do mundo, e recolha-se a descansar no sétimo dia de seus trabalhos, porque tem criado o teatro da sua época.

Mas se o engenho do homem tem bastante de divino para ser capaz de tamanha criação, o poder de nenhum homem só não virá a cabo dela nunca. Eu julgarei ter já feito muito se, diretamente por algum ponto com que acertasse, indiretamente pelos muitos em que errei, concorrer para o adiantamento da grande obra que trabalha e fatiga as entranhas da sociedade que a concebeu, e a quem peja com afrontamentos e nojos, porque ainda agora se está a formar em princípio de embrião.

Nem pareça que estou dando grandes palavras a pequenas coisas: o drama é a expressão literária mais verdadeira do estado da sociedade: a sociedade de hoje ainda se não sabe o que é: o drama ainda se não sabe o que é: a literatura atual é a palavra, é o verbo, ainda balbuciante, de uma sociedade indefinida, e contudo já influi sobre ela[9]; é, como

---

[8] A escola romântica foi tão manifesta reação contra os vícios e abusos dos ultraclássicos, tal e tão perfeita como a do liberalismo contra a corrupta monarquia feudal. Ambas caíram na anarquia pelo forte impulso que traziam, ambas destruíram muito porque podiam, e edificaram pouco porque não sabiam: ambas têm de oscilar ainda muito, antes que se ache o verdadeiro equilíbrio das coisas, sem voltar ao impossível que acabou, nem ir para o impossível que nunca há de ser. Nestas duas questões anda o mundo: questões que estão mais ligadas e dependentes do que cuida o vulgar dos patetas — chamados homens de Estado, porque outra coisa não sabem ser — e o vulgar dos tímidos literatos que, ou *non bene relicta parmula* nos campos das disputas civis, se condenam a soneteiros de bastardos mecenas, ou abdicam a augusta coroa de poeta popular que em nossos tempos, como nos de Alceu e de Sófocles, e como nos do Dante, tem espinhos debaixo dos loiros e precisa tanta coragem como talento para se trazer com dignidade. E a vida da carne é tão curta para o homem de letras!... a da glória não lhe põem termo os homens.

[9] Esta contínua e recíproca influência da literatura sobre a sociedade, e da sociedade sobre a literatura, é um dos fenômenos mais dignos da observação do filósofo e do político. Quando a história for verdadeiramente o que deve ser — e já tende para isso — há de falar menos em batalhas, em datas de nascimentos, casamentos e mortes de príncipes, e mais na legislação, nos costumes e na literatura dos povos. Quem vier a escrever e a estudar a história deste nosso século nem a entenderá nem a fará entender decerto,

disse, a sua expressão, mas reflete a modificar os pensamentos que a produziram.

Para ensaiar estas minhas teorias de arte, que se reduzem a pintar do vivo, desenhar do nu, e a não buscar poesia nenhuma nem de invenção nem de estilo fora da verdade e do natural, escolhi este assunto, porque em suas mesmas dificuldades estavam as condições de sua maior propriedade.

Há muitos anos, discorrendo um verão pela deliciosa beira-mar da província do Minho, fui dar com um teatro ambulante de atores castelhanos fazendo suas récitas numa tenda de lona no areal da Póvoa de Varzim — além de Vila do Conde. Era tempo de banhos, havia feira e concorrência grande; fomos à noite ao teatro: davam a *Comédia famosa* não sei de quem, mas o assunto era este mesmo[10]

---

se o não fizer pelos livros dos sábios, dos poetas, dos moralistas que caracterizam a época, e são ao mesmo tempo causa e efeito de seus mais graves sucessos.

Nossos bárbaros avoengos não conheciam outro poder senão a força — a força material; daí não historiaram senão dela. As rapsódias de história legislativa e literária que algum adepto redigia, mais por curiosidade ou por espírito de classe do que por outra coisa, não eram obras populares, nem foram nunca havidas por tais, nem por quem as escrevia, nem por quem as lia. Assim tão difícil é hoje o trabalho de ligar e comparar umas histórias com outras para poder achar a história nacional. Mas deve ser muito estúpido o que não vir melhor a história de D. Manuel em Gil Vicente do que em Damião de Góis, e a de el-rei D. José nas leis do Marquês de Pombal e nos escritos de José de Seabra do que nas gazetas do tempo, nas próprias memórias mais íntimas de seus amigos e inimigos.

Nas obras de Chateaubriand e de Guizot, de Delavigne e Lamartine, nas de Vitor Hugo e até de George Sand, nas de Lamennais e de Cousin está o século dezenove com todas as suas tendências indefinidas e vagas, com todas as suas tímidas saudades do passado, seus terrores do futuro, sua desanimada incredulidade no presente. Falo da França porque é o coração da Europa: de Lisboa a São Petersburgo, daí ao Rio de Janeiro e a Washington, os membros todos do grande corpo social dali recebem e para ali refluem os mesmos acidentes de vida.

[10] Revolvi muitas coleções de *Comédias famosas*, que são bastantes e volumosas as que temos em Lisboa, e não pude achar aquela que vi na Póvoa em 1818. É tão difícil ter aqui informações literárias dos nossos vizinhos de próximo da porta, que abandonei a empresa de a descobrir, apesar do vivo interesse que nisso tinha. É mágoa e perda que duas literaturas que tanto ganhariam em se entender e ajudar reciprocamente, como é a nossa e a castelhana, estejam hoje mais estranhas uma à outra do que talvez nenhumas conhecidas na Europa.

de *Frei Luís de Sousa*. Lembra-me que ri muito de um homem que nadava em certas ondas de papelão, enquanto num altinho, mais baixo que o cotovelo dos atores, ardia um palaciozinho também de papelão... era o de Manuel de Sousa Coutinho em Almada!

Fosse de mim, dos atores ou da peça, a ação não me pareceu nada do que hoje a acho, grande, bela, sublime de trágica majestade. Não se obliteram facilmente em mim impressões que me entalhem, por mais de leve que seja, nas fibras do coração: e as que ali recebi estavam inteiramente apagadas quando, poucos anos depois, lendo a célebre Memória do Sr. Bispo de Viseu D. Francisco Alexandre Lobo, e relendo, por causa dela, a romanesca mas sincera narrativa do Padre Frei Antônio da Encarnação, pela primeira vez atentei no que era de dramático aquele assunto.

Não passou isto, porém, de um vago relancear do pensamento. Há dois anos, e aqui nesta sala, quando ouvi ler o curto mas bem sentido relatório da comissão que nos propôs admitir às provas públicas o drama, o *Cativo de Fez*[11], é que eu senti como um raio de inspiração nas reflexões que ali se faziam sobre a comparação daquela fábula engenhosa, e complicada com a história tão simples do nosso insigne escritor.

Quiseram-me depois fazer crer que o drama português era todo tirado, ou principalmente imitado, desse romance francês de que já vos falei e que eu ainda não tinha lido então. Fui lê-lo imediatamente, e achei falsa de todo a acusação, mas achei mais falsa ainda a preferência de ingenuidade que a esse romance ouvia dar. Pareceu-me que o assunto podia e devia ser tratado de outro modo, e assentei fazer este drama.

Escuso dizer-vos, senhores, que me não julguei obrigado a ser escravo da cronologia nem a rejeitar por impróprio da cena tudo quanto a severa crítica moderna indigitou como arriscado de se apurar para a história. Eu sacrifico às musas de Homero, não às de Heródoto[12] e

---

[11] O relatório da comissão do Conservatório Real é datado de 18 de dezembro de 1840.

[12] Heródoto dividiu a sua História, como todos sabem, em nove livros ou seções, cada uma das quais tem o nome ou título de uma das nove Musas. A história, assim como a poesia, eram para os antigos coisas sagradas e religiosas que se não tratavam senão debaixo da invocação dos deuses. E as Musas, filhas da memória, não eram o símbolo nem a inspiração dos belos fingimentos, mas da verdade belamente narrada.

quem sabe, por fim, em qual dos dois andares arde o fogo de melhor verdade!

Versei muito e com muito afincada atenção, a Memória que já citei do douto sócio da Academia Real das Ciências o Sr. Bispo de Viseu; e colacionei todas as fontes de onde ele derivou e apurou seu copioso cabedal de notícias e reflexões; mas não foi para ordenar datas, verificar fatos ou assentar nomes, senão para estudar de novo, naquele belo compêndio, caracteres, costumes, as cores do lugar e o aspecto da época, aliás das mais sabidas e averiguadas.

Nem o drama, nem o romance, nem a epopéia são possíveis, se os quiserem fazer com a *Arte de verificar as datas* na mão.

Esta quase apologia seria ridícula, senhores, se o meu trabalho não tivesse de aparecer senão diante de vós, que por intuição deveis de saber, e por tantos documentos tendes mostrado que sabeis, quais e quão largas são, e como limitadas, as leis da verdade poética, que certamente não deve ser opressora, mas também não pode ser escrava da verdade histórica. Desculpai-me apontar aqui esta doutrina, não para vós que a professais, mas para algum escrupuloso mal advertido que me pudesse condenar por infração de leis a que não estou obrigado porque não as aceitei.

E todavia cuido que, fora dos algarismos das datas, irreconciliáveis com todo o trabalho de imaginação, pouco haverá, no mais, que ou não seja puramente histórico, isto é, referido como tal pelos historiadores e biógrafos, ou implicitamente contido; possível, e verossímil de se conter no que eles referem.

Ofereço esta obra ao Conservatório Real de Lisboa, porque honro e venero os eminentes literatos, e os nobres caracteres cívicos que ele reúne em seu seio, e para testemunho sincero também da muita confiança que tenho numa instituição que tão útil tem sido e há de ser à nossa literatura renascente, que tem estimulado com prêmios, animado com exemplos, dirigido com sábios conselhos a cultura de um gênero que é, não me canso de o repetir, a mais verdadeira expressão literária e artística da civilização do século, e reciprocamente exerce sobre ela a mais poderosa influência.

Quantas fábulas tem a *Ilíada* e a *Odisséia*, não as houve por tais o poeta; senão por tradições e crenças respeitadas e respeitáveis no seu tempo. Heródoto tampouco imaginava entrar nas províncias da poesia quando narrava as incríveis maravilhas que ele e os seus contemporâneos tinham por história.

Eu tive sempre na minha alma este pensamento, ainda antes —
perdoai-me a inocente vaidade, se vaidade isto chega a ser —,
ainda antes de ele aparecer formulado em tão elegantes frases por
esses escritores que alumiam e caracterizam a época, os Vitor
Hugos, os Dumas, os Scribes. O estudo do homem é o estudo deste
século, a sua anatomia e fisiologia moral as ciências mais buscadas
pelas nossas necessidades atuais. Coligir os fatos do homem,
emprego para o sábio; compará-los, achar a lei de suas séries,
ocupação para o filósofo, o político; revesti-los das formas mais
populares e derramar assim pelas nações um ensino fácil, uma
instrução intelectual e moral que, sem aparato de sermão ou preleção,
surpreenda os ânimos e os corações da multidão, no meio de seus
próprios passatempos — a missão do literato, do poeta. Eis aqui por
que esta época literária é a época do drama e do romance, por que o
romance e o drama são, ou devem ser, isto.

Parti desse ponto, mirei a este alvo desde as minhas primeiras e
mais juvenis composições literárias, escritas em tão desvairadas
situações da vida, e as mais delas no meio de trabalhos sérios e
pesados, para descansar de estudos mais graves ou refocilar o espírito
fatigado dos cuidados públicos — alguma vez também para não
deixar secar de todo o coração na aridez das coisas políticas, nas
quais é força apertá-lo até endurecer para que no-lo não quebre o
egoísmo duro dos que mais carregam onde acham mais brando,
ferem com menos dó e com mais covarde valentia onde acham
menos armado.

Eu tinha feito o meu primeiro estudo sobre o homem antigo na
antiga sociedade: pu-lo no expirar da velha liberdade romana, e no
primeiro nascer do absolutismo novo, ou que deu molde a todos os
absolutismos modernos, o que vale o mesmo[13]. Dei-lhe as formas
dramáticas, é a tragédia de *Catão*.

---

[13] O despotismo asiático antigo era o princípio, era a regra; o absolutismo
europeu moderno é o fato, a exceção, a desviação. Os despotismos da
Ásia, como então eram e ainda hoje são, nascem da exageração do governo
patriarcal do chefe da família da tribo, da nação. O absolutismo europeu é
a usurpação dos direitos do povo; lá a coisa pública formou-se pelo príncipe
e com ele; aqui é o príncipe que se impôs à república. Desde Júlio César até
agora, a origem de todas as monarquias absolutas na Europa, a fundação de
todas as suas dinastias tem sido a usurpação mais ou menos violenta, mais
ou menos flagrante, mais ou menos astuciosa, dos direitos da nação por
um homem.

O romance de *Dona Branca* não foi senão uma tentativa encolhida e tímida para espreitar o gosto do público português, para ver se nascia entre nós o gênero, e se os nossos jovens escritores adotavam aquela bela forma; entravam por sua antiga história a descobrir campo, a colher pelas ruínas de seus tempos heróicos os tipos de uma poesia mais racional e mais natural[14].

O *Camões* levou o mesmo fito e vestiu as mesmas formas.

Os meus ensaios de poesia popular na *Adozinda* vê-se que prendem no mesmo pensamento — falar ao coração e ao ânimo do povo pelo romance e pelo drama.

Este é um século democrático; tudo o que se fizer há de ser pelo povo e com o povo... ou não se faz. Os príncipes deixaram de ser, nem podem ser, Augustos. Os poetas fizeram-se cidadãos, tomaram parte na coisa pública como sua; querem ir, como Eurípedes e Sófocles, solicitar na praça os sufrágios populares, não como Horácio e Virgílio, cortejar no paço as simpatias de reais corações. As

---

[14] Por muitos defeitos que se possam notar na nossa literatura atual, ninguém poderá todavia asseverar que ela não seja mais natural e mais nacional, do que a sua imediata predecessora. Os sonetos, as églogas, as odes pindáricas e os ditirambos que, até o primeiro quarto deste século, eram a glória dos Árcades da segunda camada, os *Jônios* e os *Josinos*, os *Elmiros* e os *Belmiros*, teriam talvez — e creio que tinham — menos erros de linguagem e menos faltas de estilo do que têm os romances e os dramas de tantos rapazes de muito e de pouco talento que por aí se deitam hoje a escrever. Mas também não tinham um pensamento, uma idéia, quase uma frase que não fosse copiada, imitada servilmente. Quem cantava um assunto nacional, quem descrevia um sítio da sua terra, quem recorria a outro maravilhoso que não fosse o do Olimpo? Toda a nossa literatura era francesa com o reflexo grego e latino; ainda quando os assuntos eram nacionais, não passava a nacionalidade dos nomes dos heróis, ou dos títulos dos poemas. O Garção, o Tolentino e Francisco Manuel vê-se que sentiam a falsidade do tom em que estavam afinadas as suas belas e riquíssimas liras, mas certamente lhes faltou a coragem para romper com os preconceitos acadêmicos ainda muito poderosos então. Bocage teria podido fazê-lo; mas aquele pasmoso talento nunca refletiu no que era e podia, nem na alta missão a que o chamavam, tanto o seu gênio como a sua popularidade.

Não me atrevo a dizer que já temos uma literatura nacional, nem sequer sei se chegaremos a isso; mas é sem dúvida que para lá caminhamos, e com mais largos e mais certos passos do que nunca, desde os *Lusíadas* para cá.

cortes deixaram de ter mecenas; os Médicis, Leão X, Dom Manuel e Luís XIV já não são possíveis; não tinham favores que dar nem tesouros que abrir ao poeta e ao artista. Os sonetos e os madrigais eram para as assembléias perfumadas dessas damas que pagavam versos a sorrisos — e era talvez a melhor e mais segura letra que se vencia na carteira do poeta. Os leitores e os espectadores de hoje querem pasto mais forte, menos condimentado e mais substancial; é povo, quer verdade. Dai-lhe a verdade do passado no romance e no drama histórico — no drama e na novela da atualidade ofereceilhe o espelho em que se mire a si e ao seu tempo, a sociedade que lhe está por cima, abaixo, ao seu nível —, e o povo há de aplaudir, porque entende: é preciso entender para apreciar e gostar.

Eu sempre cri nisto; a minha fé não era tão clara e explícita como hoje é, mas sempre foi tão implícita. Quis pôr a teoria à prova experimental e lancei no teatro o *Auto de Gil Vicente*. Já escrevi alguns, e sinceramente vos repito aqui, que não tomei para mim os aplausos e favor com que o recebeu o público; não foi o meu drama que o povo aplaudiu, foi a idéia, o pensamento do drama nacional.

Esta Academia Real diante de quem hoje me comprazo de falar, e a quem, desde suas primeiras reuniões, expus o meu pensamento, os meus desejos, as minhas esperanças e a minha fé, vós, senhores, o entendestes e acolhestes, e lhe tendes dado vida e corpo. Direta ou indiretamente, o Conservatório tem feito nascer em Portugal mais dramas em menos de cinco anos do que até agora se escreviam num século.

O ano passado, quando publiquei o *Alfageme*, aqui vos disse, senhores, a tenção com que o fizera, o desejo que tinha de o submeter à vossa censura e os motivos de delicadeza que tive para não o fazer entrar a ela pela fieira marcada nas nossas leis acadêmicas. Os mesmos motivos me impedem agora de apresentar *Frei Luís de Sousa* sob a tutela do incógnito e protegido pelas fórmulas que haveis estabelecido para o processamento imparcial e meditada sentença de vossas decisões.

Mas nenhuma delicadeza, nenhuns respeitos Humanos podem vedar-me que eu venha entregar como oferenda ao Conservatório Real de Lisboa este meu trabalho dramático, que provavelmente será o último, ainda que Deus me tenha a vida por mais tempo; porque esse pouco ou muito que já agora terei de viver está consagrado, por uma espécie de juramento que me tomei a mim mesmo — a uma tarefa longa e pesada que não deixará nem a sesta do descanso ao trabalhador — que trabalha no seu, com a estação adiantada, e quer ganhar o tempo perdido. Incita-o esta idéia, e punge-o, demais, o amor-próprio: porque hoje não pode já deixar de ser para mim um ponto de honra desempenhar funções de que me não demiti nem demito — escrevendo, na história do nosso século, a Crônica do último rei de Portugal, o Senhor Dom Pedro IV.

Assim quase que dou aqui o último vale a essa amena literatura que foi o mais querido folguedo da minha infância, o mais suave enleio da minha juventude, e o passatempo mais agradável e refrigerante dos primeiros e mais agitados anos da minha hombridade.

Despeço-me com saudade — nem me peja dizê-lo diante de vós: é virar as costas ao Éden de regalados e preguiçosos folgares, para entrar nos campos do trabalho duro, onde a terra se não lavra senão com o suor do rosto; e quando produz, não são rosas nem lírios que afagam os sentidos, mas plantas — úteis sim, porém desgraciosas à vista; fastientas ao olfato —; é o real e o necessário da vida.

Frei Luís de Souza

Drama em três atos

Frei Luís de Sousa

Drama

*R*epresentado, a primeira vez, em Lisboa, por uma sociedade particular, no teatro da quinta do Pinheiro, em quatro de julho de MDCCCXLIII.

MANUEL (FREI LUÍS) DE SOUSA

DONA MADALENA DE VILHENA

DONA MARIA DE NORONHA

FREI JORGE COUTINHO

O ROMEIRO

TELMO PAIS

O PRIOR DE BENFICA

O IRMÃO CONVERSO

MIRANDA

O ARCEBISPO DE LISBOA

DOROTÉIA

CORO DE FRADES DE SÃO DOMINGOS

Clérigos do arcebispo, frades, criados etc.

Lugar da cena: Almada

Ato primeiro

Câmara antiga, ornada com todo o luxo e caprichosa elegância portuguesa dos princípios do século dezessete[1]. Porcelanas, charões, sedas, flores etc. No fundo, duas grandes janelas rasgadas, dando para um eirado que olha sobre o Tejo e donde se vê toda Lisboa; entre as janelas o retrato em corpo inteiro, de um cavaleiro moço, vestido de preto com a cruz branca de noviço de S. João de Jerusalém. Defronte e para a boca da cena um bufete pequeno, coberto de rico pano de veludo verde franjado de prata; sobre o bufete alguns livros, obras de tapeçarias meias-feitas, e um vaso da China de colo alto, com flores. Algumas cadeiras antigas, tamboretes rasos, contadores. Da direita do espectador, porta de comunicação para o interior da casa, outra da esquerda para o exterior. É no fim da tarde.

CENA I

MADALENA, *só, sentada junto à banca, os pés sobre uma grande almofada, um livro aberto no regaço, e as mãos cruzadas sobre êle, como quem descaiu da leitura na meditação.*

---

[1] Citarei o interessante Ms. descoberto pelo Sr. Alexandre Herculano na Biblioteca Real da Ajuda, e do qual alguns extratos já foram publicados no *Panorama* de 1843.

"Posto que Lisboa seja tamanha e tão nobre povoação, não tem palácio algum de burguês ou de fidalgo que mereça consideração quanto à matéria: e quanto à arquitetura, são edifícios muito grandes. Ornam-nos porém de tal modo, que na verdade ficam magníficos. Costumam forrar os aposentos de rasos, de damascos e de finíssimos rases no inverno, e no verão de couros dourados mui ricos que se fabricam naquela cidade."
(*Ms. da Bibl. da Ajuda.*)

MADALENA (*Repetindo maquinalmente e devagar o que acaba de ler.*)
    Naquele engano d'alma ledo e cego
    Que a fortuna não deixa durar muito[2]...

Com a paz e alegria d'alma... um engano, um engano de poucos instantes que seja... deve de ser a felicidade suprema neste mundo. E que importa que o não deixe durar muito a fortuna? Viveu-se, pode-se morrer. Mas eu!... (*Pausa.*) Oh! que o não saiba ele ao menos, que não suspeite o estado em que eu vivo... este medo, estes contínuos terrores, que ainda me não deixaram gozar um só momento de toda a imensa felicidade que me dava o seu amor. Oh! que amor, que felicidade... que desgraça a minha! (*Torna a cair em profunda meditação; silêncio breve.*)

CENA II

MADALENA e TELMO PAIS

TELMO (*chegando perto de Madalena, que o não sentiu entrar*) — A minha senhora está a ler?...

MADALENA (*despertando*) — Ah! sois vós, Telmo... Não, já não leio: há pouca luz de dia já; confundia-me a vista. E é um bonito livro este! o teu valido, aquele nosso livro, Telmo.

TELMO (*deitando-lhe os olhos*) — Oh, oh! livro para damas, e

---

[2] *Os Lusíadas* eram decerto então, no princípio do século dezessete, um livro da moda e que devia andar sobre o bufete de todas as damas elegantes. Hoje está provado que só no primeiro ano da sua publicação se fizeram em Lisboa duas edições, que por sua grande semelhança confundiram muito tempo os críticos e bibliófilos. Até o ano de 1613, época da separação de Manuel de Sousa Coutinho e D. Madalena de Vilhena, as edições dos *Lusíadas* eram já nove, desde a primeira de 1572 até à do referido ano de 1613, que é a dos célebres comentários de Manuel Correia, feita por Pedro Crasbeeck. Das *Rimas* contam-se três edições, no mesmo período; a quarta fez-se no seguinte ano de 1614. Dois Autos tinham saído na coleção do Prestes.

para cavaleiros... e para todos: um livro que serve para todos; como não há outro, tirante o respeito devido ao da Palavra de Deus! Mas esse não tenho eu a consolação de ler, que não sei latim como meu senhor... quero dizer como o Sr. Manuel de Sousa Coutinho — que, lá isso!... acabado escolar é ele. E assim foi seu pai antes dele[3], que muito bem o conheci: grande homem! Muitas letras, e de muito galante prática, e não somenos as outras partes de cavaleiro: uma

---

[3] Lopo de Sousa Coutinho, pai de Frei Luís de Sousa, era natural de Santarém, filho de Fernão Coutinho, e bisneto do segundo Conde de Marialva, D. Gonçalo Coutinho. Serviu na Índia com muita distinção desde a idade de dezoito anos, no governo de Nuno da Cunha. Voltando ao reino, foi muito estimado de D. João III, que lhe deu o governo da Mina. Dali tornou com a merecida reputação de honestidade e zelo; e sucedendo na casa a seu irmão mais velho, Rui Lopes, que falecera, casou com D. Maria de Noronha, dama da rainha D. Catarina, de quem teve os seguintes filhos: Rui Lopes Coutinho, Lopo de Sousa Coutinho, Gonçalo Vaz Coutinho, Manuel (depois Frei Luís) de Sousa Coutinho, João Rodrigues Coutinho, André de Sousa Coutinho, N... (que foi provincial dos Gracianos) e Jorge Coutinho, depois Frei Jorge de Jesus. Barbosa dá-lhe mais também uma filha, D. Ana de Noronha, freira nas Donas de Santarém.

Era Lopo de Sousa grande cultor das letras e das ciências, sabia a física e as matemáticas, foi profundo na literatura antiga e professava, como todos os bons espíritos do seu tempo, a poesia. "Uniu com tudo isto", diz o Sr. Bispo de Viseu, "grande religião, pureza de costumes e tal isenção no serviço do rei e da pátria, que nunca solicitou prêmios, nem pediu compensações da fazenda que despendera largamente quando visitou os lugares de África, e *exercitou* o posto do capitão-mor da armada da corte". Tão nobres prendas e tamanhos serviços o faziam digno de respeito, a que obrigava ainda mais a sua presença venerável; de tal sorte que até el-rei se refere que "lhe não falava sem indícios de grande consideração".

A frase de Frei Antônio da Encarnação, é mais mimosa e portuguesa: "A presença e gravidade da pessoa era tal, que dizem que o mesmo rei se *compunha* quando falava com ele".

Escreveu várias obras, que aponta Barbosa: dois livros do *Cerco de Diu*, Coimbra por João Alvares 1556, fol., um livro da *Perdição de Manuel de Sousa de Sepúlveda*, 4º — várias obras poéticas no *Cancioneiro Geral* de Anvers, 1570 —; traduções do Lucano e de Sêneca trágico; e *Empresas de Ilustres Varões Portugueses na Índia*. Ms. — Frei Antônio da Encarnação menciona também escritos matemáticos, provavelmente Ms. de que não há outra notícia.

· V. Prólogo à II parte da *Hist. de S. Domingos*; Fr. José da Natividade, *Agiológ. Domin.*; *Histor. Genealóg.*, t. XII; e *Bibliotec. Lus.: Memór. da Academ. R. das C.*, de Lisboa, t. VIII, p. I, 1823.

gravidade!... Já não há daquela gente. Mas, minha senhora, isto de a Palavra de Deus estar assim noutra língua que a gente... que toda a gente não entende... confesso-vos que aquele mercador inglês da rua Nova, que aqui vem às vezes, tem-me dito suas coisas que me quadram[4]... E Deus me perdoe, que eu creio que o homem é herege, desta seita nova de Alemanha ou de Inglaterra[5]. Será?

MADALENA — Olhai, Telmo; eu não vos quero dar conselhos: bem sabeis que desde o tempo que... que...

TELMO — Que já lá vai, que era outro tempo.

MADALENA — Pois sim... (*Suspira.*) Eu era uma criança; pouco maior era que Maria.

TELMO — Não, a Senhora D. Maria já é mais alta.

MADALENA — É verdade, tem crescido demais, e de repente nestes dois meses últimos...

TELMO — Então! Tem treze anos feitos, é quase uma senhora, está uma senhora... (*À parte.*) Uma senhora aquela... pobre menina!

---

[4] A rua Nova era o Chiado de então, a *rue de La Paix*, o *Regent street* da Lisboa, capital daquela imensa monarquia que D. Sebastião ainda deixou. Cito outra vez a Relação ou viagem dos Venezianos Tron e Lippomani:

"Quanto às ruas em geral são más e incômodas para andar, assim a pé como em coche, tanto é fácil, deleitosa e bela a rua Nova pelo seu comprimento e largueza, mas sobretudo por ser ornada de uma infinidade de lojas cheias de diversas mercadorias para uso de nobre e real povoação."

(*Ms. da Bibl. Real da Ajuda.*)

[5] Até Portugal, o país mais exclusivamente católico da terra, não deixou de fazer sua impressão à luta pela liberdade religiosa que no século XVI tanto amotinou o norte da Europa. Até aqui a reforma teve, senão prosélitos determinados, pelo menos seus admiradores que simpatizavam com certos princípios proclamados pelos cristãos dissidentes. Um dos caracteres mais ilustres da época, e que mais ilustrava então na Europa o nome português, Damião de Góis, foi suspeito e acusado — cuido que não sem algum fundamento — de sua inteligência com os reformistas de Alemanha.

MADALENA (*com as lágrimas nos olhos*) — És muito amigo dela, Telmo?

TELMO — Se sou! Um anjo como aquele... uma viveza, um espírito!... e então que coração!

MADALENA — Filha da minha alma! (*Pausa; mudando de tom.*) Mas olha, meu Telmo, torno a dizer-to: eu não sei como hei de fazer para te dar conselhos. Conheci-te de tão criança, de quando casei a... a... a primeira vez, costumei-me a olhar para ti com tal respeito — já então eras o que hoje és, o escudeiro valido, o familiar quase parente, o amigo velho e provado de teus amos[6]...

TELMO (*enternecido*) — Não digais mais, Senhora, não me lembreis de tudo o que eu era.

MADALENA (*quase ofendida*) — Por quê? Não és hoje o mesmo, ou mais ainda, se é possível? Quitaram-te alguma coisa da confiança, do respeito, do amor e carinho a que estava costumado o aio fiel do meu senhor D. João de Portugal, que Deus tenha em glória?

TELMO (*à parte*) — Terá...

MADALENA — O amigo e camarada antigo de seu pai?

TELMO — Não, minha Senhora, não, por certo.

MADALENA — Então?...

---

[6] Destes antigos familiares das casas ilustres, ou que viviam a lei de nobreza, ainda na minha infância conheci alguns representantes. Nas províncias, e principalmente nas do norte, até o começo deste século, o escudeiro não era um criado, era um companheiro, muitas vezes nem inferior em nobreza, e só dependente pela fortuna. Foi o último vestígio do pouco que havia de patriarcal nos hábitos feudais. O escudeiro é uma figura característica no quadro dos costumes portugueses, enquanto os houve; e hoje mais interessante depois que se apagou toda a fisionomia nacional com as modas e usos estranhos, nem sempre mais elegantes que os nossos.

TELMO — Nada. Continuai, dizei, minha Senhora.

MADALENA — Pois está bem. Digo que mal sei dar-vos conselhos, e não queria dar-vos ordens... Mas, meu amigo, tu tomaste — e com muito gosto meu e de seu pai — um ascendente no espírito de Maria... tal que não ouve, não crê, não sabe senão o que lhe dizes. Quase que és tu a sua dona, a sua aia de criação. Parece-me... eu sei... não fales com ela desse modo, nessas coisas...

TELMO — O quê? No que me disse o inglês, sobre a Sagrada Escritura que eles lá têm em sua língua, e que?...

MADALENA — Sim... nisso decerto... e em tantas outras coisas tão altas, tão fora de sua idade, e muitas do seu sexo também, que aquela criança está sempre a querer saber, a perguntar. É a minha única filha: não tenho... nunca tivemos outra[7]... e, além de tudo o mais, bem vês que não é uma criança... muito... muito forte.

TELMO — É... delgadinha, é. Há de enrijar. É tê-la por aqui, fora daqueles ares apestados de Lisboa: e deixai, que se há de pôr outra.

---

[7] D. Madalena de Vilhena, filha herdeira de Francisco de Sousa Tavares, capitão-mor do mar da Índia e das fortalezas de Cananor e Diu, e de D. Maria da Silva, sua mulher, foi casada em primeiras núpcias com D. João de Portugal, neto do primeiro Conde de Vimioso, e filho do célebre D. Manuel de Portugal que imortalizaram os versos de Camões; teve dele um filho que morreu moço, e duas filhas. Destas, uma casou com D. Pedro de Meneses, da casa dos condes de Linhares, e não teve sucessão; outra, por nome D. Joana de Portugal, casou com D. Lopo de Almeida, avô do primeiro Conde de Assumar, em cuja sucessão veio a reunir-se depois a descendência das duas casas, Portugal e Sousa Coutinho, pelo casamento de D. Diogo Fernandes de Almeida com D. Joana Teresa Coutinho. Singular coincidência! — observa com razão o Sr. Bispo de Viseu na sua *Memór*. cit.

Do segundo marido, o nosso Manuel de Sousa Coutinho, não teve senão esta filha, que Francisco de Santa Maria chama D. Ana, e eu D. Maria de Noronha, fundado na grande autoridade de meu tio D. Fr. Alexandre, que assim o tinha emendado no exemplar de seu uso, e era homem de escrupuloso rigor em todos os pontos.

MADALENA — Filha do meu coração!

TELMO — E do meu. Pois não se lembra, minha Senhora, que ao princípio, era uma criança que eu não podia... — na verdade, não a podia ver: já sabereis por quê... mas vê-la, era ver... Deus me perdoe!... nem eu sei... E daí começou-me a crescer, a olhar para mim com aqueles olhos... a fazer-me tais meiguices, e a fazer-se-me um anjo tal de formosura e de bondade que — vêdes-me aqui agora, que lhe quero mais do que seu pai.

MADALENA (*sorrindo*) — Isso agora!...

TELMO — Do que vós.

MADALENA (*rindo*) — Ora, meu Telmo!

TELMO — Mais, muito mais. E veremos; tenho cá uma coisa que me diz que antes de muito, se há de ver quem é que quer mais à nossa menina nesta casa.

MADALENA (*assustada*) — Está bom, não entremos com os teus agouros e profecias do costume: são sempre de aterrar... Deixemo-nos de futuros...

TELMO — Deixemos, que não são bons.

MADALENA — E de passados também...

TELMO — Também.

MADALENA — E vamos ao que importa agora. Maria tem uma compreensão...

TELMO — Compreende tudo!

MADALENA — Mais do que convém.

TELMO — Às vezes.

MADALENA — É preciso moderá-la.

TELMO — É o que eu faço.

MADALENA — Não lhe dizer...

TELMO — Não lhe digo nada que não possa, que não deva saber uma donzela honesta e digna de melhor... melhor...

MADALENA — Melhor quê?

TELMO — De nascer em melhor estado. Quisestes ouvi-lo... está dito.

MADALENA — Oh, Telmo! Deus te perdoe o mal que me fazes. (*Desata a chorar.*)

TELMO (*ajoelhando e beijando-lhe a mão*) — Senhora... Senhora D. Madalena, minha ama, minha Senhora... castigai-me... mandai-me já castigar, mandai-me cortar esta língua perra que não toma ensino. Oh! Senhora! Senhora, é vossa filha, é a filha do Senhor Manuel de Sousa Coutinho, fidalgo de tanto primor, e de tão boa linhagem como os que se têm por melhores neste reino, em toda a Espanha[8]... A Senhora D. Maria... a minha querida D. Maria é sangue de Vilhenas e de Sousas; não precisa mais nada, mais nada, minha Senhora, para ser... para ser...

MADALENA — Calai-vos, calai-vos, pelas dores de Jesus Cristo, homem.

TELMO (*soluçando*) — Minha rica Senhora!...

MADALENA (*enxuga os olhos, e toma uma atitude grave e firme*) — Levantai-vos, Telmo, e ouvi-me. (*Telmo levanta-se.*)

---

[8] Do que fica dito na nota 3, pág. 39, se vê que não há amplificação nestas expressões. Ouço aos práticos em genealogias que esta ilustríssima família dos Sousas Coutinhos, tão distinta por armas, letras e virtudes, se extinguira completamente: e que os que hoje usam juntar os dois nobres apelidos ao seu nome têm muito pouco direito verdadeiro para isso — dirão os genealógicos quanto ao sangue, e a opinião do público quanto ao mais.

Ouvi-me com atenção. É a primeira e será a última vez que vos falo deste modo e em tal assunto. Vós fostes o aio e amigo de meu senhor... de meu primeiro marido, o Senhor D. João de Portugal; tínheis sido o companheiro de trabalhos e de glória de seu ilustre pai, aquele nobre Conde de Vimioso, que eu de tamanhinha me acostumei a reverenciar como pai. Entrei depois nessa família de tanto respeito; achei-vos parte dela, e quase que vos tomei a mesma amizade que aos outros... Chegastes a alcançar um poder no meu espírito, quase maior... — decerto, maior que nenhuns deles. O que sabeis da vida e do mundo, o que tendes adquirido na conversação dos homens e dos livros — porém, mais que tudo, o que de vosso coração fui vendo e admirando cada vez mais — me fizeram ter-vos numa conta, deixar-vos tomar, entregar-vos eu mesma tal autoridade nesta casa e sobre minha pessoa... que outros poderão estranhar...

TELMO — Emendai-o, Senhora.

MADALENA — Não, Telmo, não preciso nem quero emendá-lo. Mas agora deixai-me falar. Depois que fiquei só, depois daquela funesta jornada de África que me deixou viúva, órfã e sem ninguém... sem ninguém, e numa idade... com dezessete anos! — em vós, Telmo, em vós só, achei o carinho e proteção, o amparo que eu precisava. Ficastes-me em lugar de pai; e eu... salvo numa coisa! — tenho sido para vós, tenho-vos obedecido como filha.

TELMO — Oh minha Senhora, minha Senhora! Mas essa coisa em que vos apartastes dos meus conselhos...

MADALENA — Para essa, houve poder maior que as minhas forças... D. João ficou naquela batalha com seu pai, com a flor da nossa gente. (*Sinal de impaciência em Telmo.*) Sabeis como chorei a sua perda, como respeitei a sua memória, como durante sete anos, incrédula a tantas provas e testemunhos de sua morte, o fiz procurar por essas costas de Berbéria, por todas as sejanas de Fez e Marrocos, por todos quantos aduares de Alarves aí houve[9]... Cabedais e

---

[9] Todos os nossos cronistas e escritores de memórias do tempo chamam *sejanas* àqueles bairros ou distritos fechados das cidades de Berbéria em que viviam os judeus, e aonde foram geralmente alojados e guardados os portugueses cativos que esperavam seu resgate.

valimentos, tudo se empregou; gastaram-se grossas quantias; os embaixadores de Portugal e Castela tiveram ordens apertadas de o buscar por toda a parte[10]; aos padres da Redenção, a quanto religioso ou mercador podia penetrar naquelas terras, a todos se encomendava o seguir a pista do mais leve indício que pudesse desmentir, pôr em dúvida ao menos aquela notícia que logo viera com as primeiras novas da batalha de Alcácer. Tudo foi inútil; e a ninguém mais ficou resto de dúvida...

TELMO — Senão a mim.

MADALENA — Dúvida de fiel servidor, esperança de leal amigo, meu bom Telmo, que diz com vosso coração, mas que tem atormentado o meu... E então sem nenhum fundamento, sem o mais leve indício... Pois dizei-me em consciência, dizei-mo de uma vez, claro e desenganado. A que se apega esta vossa credulidade de sete... e hoje mais quatorze... vinte e um anos?

TELMO (*gravemente*) — Às palavras, às formais palavras daquela carta escrita na própria madrugada do dia da batalha, e entregue a Frei Jorge que vo-la trouxe. — "Vivo ou morto" — rezava ela — "vivo ou morto...". Não me esqueceu uma letra daquelas palavras; e eu sei que homem era meu amo para as escrever em vão: — "Vivo ou morto, Madalena, hei de ver-vos pelo menos ainda uma vez neste mundo". — Não era assim que dizia?

MADALENA (*aterrada*) — Era.

TELMO — Vivo não veio... ainda mal! E morto... a sua alma, sua figura...

MADALENA (*possuída de grande terror*) — Jesus, homem!

---

[10] Não só no breve reinado de D. Henrique, o cardeal-rei, mas ainda durante o do primeiro Filipe, II de Castela, estiveram lidando constantemente no resgate e proteção dos cativos cristãos em Berbéria, os dois agentes de Portugal e de Castela, que rivalizavam de zelo e generosidade em seus nobres esforços.
Todos os escritos do tempo são testemunho deste fato tão honroso para as duas cortes de Espanha.

TELMO — Não vos apareceu decerto.

MADALENA — Não, credo!

TELMO (*misterioso*) — Bem sei que não. Queria-vos muito; e a sua primeira visita, como de razão, seria para minha senhora. Mas não se ia sem aparecer também ao seu aio velho[11].

---

[11] Não é de invenção minha este argumento, que convence tão fortemente o bom do aio velho, e que me lisonjeio de ser uma das coisas mais características e originais que o observador não vulgar encontrará talvez nesta composição. Tirei-o de um precioso tesouro de onde tenho havido quase tudo o que em meus escritos literários tem tido a fortuna de ser mais aplaudido. O tesouro são as reminiscências da minha infância, e o estudo que incessantemente tenho feito da linguagem, do sentir, do pensar e do crer do nosso povo, que é o mais poético e espirituoso povo da Europa.

Quero contar como me lembrou de pôr aquelas palavras na boca de Telmo Pais. Eu passei os primeiros anos da minha vida entre duas quintas, a pequena quinta do Castelo, que era de meu pai, e a grande quinta do Sardão que era, e ainda é, da família de meu avô materno, José Bento Leitão; ambas são ao sul do Douro, ambas perto do Porto, mas tão isoladas e fora do contato da cidade, que era perfeitamente do campo a vida que ali vivíamos, e que ficou sendo sempre para mim o tipo da vida feliz, da única vida natural neste mundo. Uma parda velha, a boa Rosa de Lima, de quem eu era o menino bonito entre todos os rapazes, e por quem ainda choro de saudades apesar do muito que me ralhava às vezes, era a cronista-mor da família, e em particular da capela e da quinta do Sardão, que ela julgava uma das maravilhas da terra e venerava como um bom castelhano o seu Escurial. Contava-me ela, entre mil bruxarias e coisas do outro mundo que piamente acreditava, que também naquelas coisas "se mentia muito"; que de meu avô, por exemplo, diziam que tinha aparecido embrulhado num lençol passeando à meia-noite em cima dos arcos que traz a água para a quinta: o que era inteiramente falso, porque "ela estava certa que, se o Sr. José Bento pudesse vir a este mundo, não se ia embora sem aparecer à sua Rosa de Lima". E arrasavam-se-lhe os olhos de água ao dizer isto, luzia-lhe na boca um sorriso de confiança que ainda agora me faz impressão quando me lembra.

A poesia verdadeira é esta, é a que sai destas suas fontes primeiras e genuínas; não são arrebiques de frases tiradas de gregos ou latinos, de franceses ou de ingleses segundo é moda; nem *refacimentos* exagerados — hoje da sensaboria descorada da escola *passigráfica* que destingiu a nacionalidade de todas as literaturas no fim do século passado e princípios deste — amanhã de quanto há mais obsoleto e *irrevocável* no estilo enrevezado, nas idéias confusas, nos princípios indeterminados dos croniqueiros

MADALENA — Valha-me Deus, Telmo! Conheço que desarrazoais, contudo as vossas palavras metem-me medo... Não me faças mais desgraçada.

TELMO — Desgraçada! Por quê? Não sois feliz na companhia do homem que amais, nos braços do homem a quem sempre quisestes mais sobre todos? Que o pobre do meu amo... respeito, devoção, lealdade, tudo lhe tivestes, como tão nobre e honrada senhora que sois... mas amor!

MADALENA — Não está em nós dá-lo, nem quitá-lo, amigo.

TELMO — Assim é. Mas os ciúmes que meu amo não teve nunca — bem sabeis que têmpera de alma era aquela — tenho-os eu... aqui está a verdade nua e crua... tenho-os eu por ele. Não posso, não posso ver... e desejo, quero, forcejo por me acostumar... mas não posso. Manuel de Sousa... o Senhor Manuel de Sousa Coutinho é guapo cavalheiro, honrado fidalgo, bom português... mas — mas não é, nunca há de ser, aquele espelho de cavalaria e gentileza, aquela flor dos bons... Ah, meu nobre amo, meu santo amo!

MADALENA — Pois sim, tereis razão... tendes razão, será tudo como dizeis. Mas refleti, que haveis cabedal de inteligência para muito: — eu resolvi-me por fim a casar com Manuel de Sousa; foi do aprazimento geral de nossas famílias, da própria família de meu primeiro marido, que bem sabeis quanto me estima; vivemos (*com afetação*) seguros, em paz e felizes... há quatorze anos. Temos esta filha, esta querida Maria que é todo o gosto e ânsia da nossa vida. Abençoou-nos Deus na formosura, no engenho, nos dotes admiráveis daquele anjo... E tu, tu, meu Telmo, que és tão seu que chegas a pretender ter-lhe mais amor que nós mesmos...

TELMO — Não, não tenho!

MADALENA — Pois tens: melhor. E és tu que andas, continuamente e quase por acinte, a sustentar essa quimera, a levantar

---

velhos. A literatura é filha da terra, como os titãs da fábula, e à sua terra se deve deitar para ganhar forças novas quando se sente exausta.

esse fantasma, cuja sombra, a mais remota, bastaria para enodoar a pureza daquela inocente, para condenar a eterna desonra a mãe e a filha... (*Telmo dá sinais de grande agitação*.) Ora diz: já pensaste bem no mal que estás fazendo? Eu bem sei que a ninguém neste mundo, senão a mim, falas em tais coisas... falas assim como hoje temos falado... mas as tuas palavras misteriosas, as tuas alusões freqüentes a esse desgraçado rei D. Sebastião, que o seu mais desgraçado povo ainda não quis acreditar que morresse, por quem ainda espera em sua leal incredulidade[12], esses contínuos agouros em que andas sempre de uma desgraça, que está iminente sobre a nossa família... Não vês que estás excitando com tudo isso a curiosidade daquela criança aguçando-lhe o espírito — já tão perspicaz — a imaginar, a descobrir... quem sabe se a acreditar nessa prodigiosa desgraça em que tu mesmo... tu mesmo... sim, não crês deveras? Não crês, mas achas não sei que doloroso prazer em ter sempre viva e suspensa essa dúvida fatal. E então considera, vê: se um terror semelhante chega a entrar naquela alma, quem lho há de tirar nunca mais?... O que há de ser dela e de nós? Não a perdes, não a matas... não me matas a minha filha?

---

[12] A incredulidade popular sobre a morte de el-rei D. Sebastião começou logo com as primeiras notícias que chegaram ao reino da derrota de Alcácer-Quibir. Querem alguns que as esperanças do povo fossem adrede sustentadas pelos que mais haviam instigado aquela triste jornada, para evitarem a responsabilidade de seus fatais conselhos. O fato é que no público nunca se acreditou bem na morte de el-rei. E nenhum, de tantos que escaparam, nenhum disse nunca que o vira morrer. No epitáfio de Belém pôs-se a ressalva: *si vera est fama*. Os vários impostores que em diversas partes apareceram tomando o nome de D. Sebastião, em vez de destruírem, confirmaram as suspeitas nacionais. O verdadeiro ou falso Sebastião que foi entregue em Veneza e atormentado em Nápoles, deixou dúvidas profundas nos ânimos mais seguros.

Menos bastava para dar cor e crença à multidão de fábulas romanescas e poéticas de que se encheu logo Portugal e que duraram até os nossos dias. O sebastianista é outro caráter popular que ainda não foi tratado e que, em hábeis mãos, deve dar riquíssimos quadros de costumes nacionais. O romancista e o poeta, o filólogo e o filósofo acharão muito que lavrar neste fertilíssimo veio da grande mina de nossas crenças e superstições antigas.

TELMO (*em grande agitação durante a fala precedente, fica pensativo e aterrado: fala depois como para si*) — É verdade que sim! A morte era certa. E não há de morrer; não, não, não, três vezes não. (*Para Madalena.*) À fé de escudeiro honrado, senhora D. Madalena, a minha boca não se abre mais; e o meu espírito há de... há de fechar-se também... (*À parte.*) Não é possível, mas eu hei de salvar o meu anjo do céu! (*Alto para Madalena.*) Está dito, minha senhora.

MADALENA — Ora Deus to pague. Hoje é o último dia de nossa vida que se fala em tal.

TELMO — O último.

MADALENA — Ora pois, ide, ide ver o que ela faz (*levantando-se*); que não esteja a ler ainda, a estudar sempre. (*Telmo vai a sair.*) E olhai: chegai-me depois ali a São Paulo, ou mandai, se não podeis...

TELMO — Ao convento dos dominicos? Pois não posso!... quatro passadas.

MADALENA — E dizei a seu cunhado, a Frei Jorge Coutinho, que me está dando cuidado a demora de meu marido em Lisboa, que me prometeu de vir antes de véspera, e não veio; que é quase noite, e que já não estou contente com a tardança. (*Chega à varanda e olha para o rio.*) O ar está sereno, o mar tão quieto, e a tarde tão linda!... quase que não há vento, é uma viração que afaga... Oh, e quantas faluas navegando tão garridas por esse Tejo! Talvez nalguma delas — naquela tão bonita — venha Manuel de Sousa. — Mas neste tempo não há que fiar no Tejo, dum instante para o outro levanta-se uma nortada... e então aqui o pontal de Cacilhas! Que ele é tão bom mareante... Ora, um Cavaleiro de Malta! (*Olha para o retrato com amor.*) Não é isso o que me dá maior cuidado, mas em Lisboa ainda há peste, ainda não estão limpos os ares... e esses outros ares que por aí correm destas alterações públicas, destas malquerenças entre castelhanos e portugueses! Aquele caráter inflexível de Manuel de Sousa traz-me num susto contínuo. Vai, vai a Frei Jorge, que diga se sabe alguma coisa, que me assossegue, se puder.

CENA III

MADALENA, TELMO e MARIA

MARIA (*entrando com umas flores na mão, encontra-se com Telmo, e o faz tornar para a cena*) — Bonito! Eu há mais de meia hora no eirado passeando — e sentada a olhar para o rio a ver as faluas e os bergantins que andam para baixo e para cima — e já aborrecida de esperar... e o senhor Telmo, aqui posto a conversar com a minha mãe, sem se importar de mim! Que é do romance que me prometeste? Não é o da batalha, não é o que diz:

Postos estão, frente a frente,
Os dois valorosos campos[13];

é o outro, é o da ilha encoberta onde está el-rei D. Sebastião, que não morreu e que há de vir um dia de névoa muito cerrada[14]. Que ele não morreu; não é assim, minha mãe?

MADALENA — Minha querida filha, tu dizes coisas! Pois não tens ouvido, a teu tio Frei Jorge e a teu tio Lopo de Sousa, contar tantas vezes como aquilo foi[15]? O povo, coitado, imagina essas quimeras para se consolar na desgraça.

---

[13] Este romance que se cantava, diz Miguel Leitão, ao som de uma melodia simples e plangente, de que ele na sua *Miscelânea* nos conservou as notas, vem ali em castelhano; achei-o em português nos *Apontamentos* do Cavaleiro de Oliveira, e também o publicou em português A. L. Caminha, na sua *Coleção de Inéditos*.

No lugar competente do meu *Romanceiro* o dou em ambas as línguas, sem me atrever a decidir em qual delas fosse originalmente composto.

[14] Era opinião firme e corrente entre os derradeiros sebastianistas, e talvez ainda hoje o seja, porque me dizem que alguns há ainda, que el-rei D. Sebastião havia de vir num dia de névoa muito cerrada. Assim rezavam certas profecias populares.

Outro tesouro de poesia nacional são estas profecias que ainda ninguém examinou filologicamente como elas merecem. No meu *Romanceiro* procurei restituí-las ao lugar e categoria literária que estou convencido lhes compete.

[15] Lopo de Sousa, irmão de Frei Luís de Sousa, ficou cativo na batalha

MARIA — Voz do povo, voz de Deus, minha senhora mãe: eles que andam tão crentes nisto, alguma coisa há de ser[16]. Mas ora o que me dá que pensar é ver que, tirado aqui o meu bom velho Telmo (*chega-se toda para ele acarinhando-o*), ninguém nesta casa gosta de ouvir falar em que escapasse o nosso bravo rei, o nosso santo rei D. Sebastião. Meu pai, que é tão bom português, que não pode sofrer estes castelhanos, e que até às vezes dizem que é demais o que ele faz e o que ele fala... em ouvindo duvidar da morte do meu querido rei D. Sebastião... ninguém tal há de dizer, mas põe-se logo outro, muda de semblante, fica pensativo e carrancudo; parece que o vinha afrontar, se voltasse, o pobre do rei. Ó minha mãe, pois ele não é por D. Filipe[17]; não é não?

MADALENA — Minha querida Maria, que tu hás de estar sempre a imaginar nessas coisas que são tão pouco para a tua

---

de Alcácer. *Hist. Geneal.*, t. XII. — Frei Jorge, estou persuadido que foi frade graciano — posto que as conveniências dramáticas me fizessem adotar a opinião de Touron e Echard, dando-o aqui por dominico.

Entre os que se renderam às promessas de Castela para entregar Portugal foi, com bastante probabilidade, Rui Lopes Coutinho, o irmão mais velho de Frei Luís de Sousa: donde, não se dariam muito irmãos de tão diferentes sentimentos. Por isso aqui não é apontado o seu nome, ainda que se achasse, como sabemos, na jornada de África.

V. Faria e Sousa, *Europ.*, t. III, p. I, e a *Memór.*, cit. do Sr. Bispo de Viseu.

[16] Veja a nota 12. E consulte o dizer de todos os escritores do tempo: ver-se-á que o engano popular, se o era, recaía com efeito em muito grandes e fundadas suspeitas. Nunca uma pura falsidade chega a obter crédito geral; é preciso que tenha algum fundamento: a imaginação do povo não é criadora, aumenta, exagera, mas não tira do nada.

[17] "Se é como parece, somos obrigados a admitir com lástima este labéu (de se ter vendido a Filipe de Castela) na descendência de Lopo de Sousa Coutinho, e a confessar que muito desdisse do desinteresse e dignidade de um pai tão ilustre, e muito desprezou as lições da primeira idade o seu mesmo primogênito. (V. nota 15.) Contudo, à vista da mágoa profunda com que Manuel de Sousa Coutinho fala da fatal jornada de África em tantos lugares, e do patriótico entusiasmo de que a cada passo nos oferece argumentos, é muito de presumir que o contágio nem tocou levemente o seu delicado pundonor."

Memór., cit. do Sr. Bispo de Viseu.

idade! Isso é o que nos aflige, a teu pai e a mim; queria-te ver mais alegre, folgar mais, e com coisas menos...

MARIA — Então minha mãe, então! Vêem, vêem?... Também minha mãe não gosta. Oh! essa ainda é pior, que se aflige, chora... ela aí está a chorar... (*Vai-se abraçar com a mãe que chora.*) Minha querida mãe, ora pois então! Vai-te embora, Telmo, vai-te; não quero mais falar, nem ouvir falar de tal batalha, nem de tais histórias, nem de coisa nenhuma dessas. Minha querida mãe!

TELMO — E é assim: não se fala mais nisso. E eu vou-me embora. (*À parte, indo-se depois de lhe tomar as mãos.*) Que febre que ela tem hoje, meu Deus! Queimam-lhe as mãos... e aquelas rosetas nas faces... Se o perceberá a pobre da mãe!

CENA IV

MADALENA e MARIA

MARIA — Quereis vós saber, mãe, uma tristeza muito grande que eu tenho? A mãe já não chora, não? Já se não enfada comigo?

MADALENA — Não me enfado contigo nunca, filha; e nunca me afliges, querida. O que tenho é o cuidado que me dás, é o receio de que...

MARIA — Pois aí está a minha tristeza; é esse cuidado em que vos vejo andar sempre por minha causa. Eu não tenho nada, e tenho saúde, olhai que tenho muita saúde.

MADALENA — Tens, filha... se Deus quiser, hás de ter; e hás de viver muitos anos para consolação e amparo de teus pais que tanto te querem.

MARIA — Pois olhai: passo noites inteiras em claro a lidar nisto, e a lembrar-me de quantas palavras vos tenho ouvido, e a meu pai... e a recordar-me da mais pequena ação e gesto, e a pensar em tudo, a ver se descubro o que isto é, e porque tendo-me tanto amor... que, oh, isso nunca houve decerto filha querida como eu!...

MADALENA — Não, Maria.

MARIA — Pois sim; tendo-me tanto amor, que nunca houve outro igual, estais sempre num sobressalto comigo?...

MADALENA — Pois se te estremecemos!

MARIA — Não é isso, não é isso; é que vos tenho lido nos olhos... Oh, que eu leio nos olhos, leio, leio!... E nas estrelas do céu também, e sei coisas...

MADALENA — Que estás a dizer, filha, que estás a dizer? Que desvarios! Uma menina do teu juízo, temente a Deus... não te quero ouvir falar assim. Ora vamos: anda cá, Maria, conta-me do teu jardim, das tuas flores. Que flores tens tu agora? O que são estas? (*Pegando nas que ela traz na mão.*)

MARIA (*abrindo a mão e deixando-as cair no regaço da mãe*) — Murchou tudo... tudo estragado da calma... Estas são papoulas que fazem dormir; colhi-as para as meter debaixo do meu cabeçal esta noite; quero-a dormir de um sono, não quero sonhar, que me faz ver coisas... lindas às vezes, mas tão extraordinárias e confusas...

MADALENA — Sonhar, sonhas tu acordada, filha! Que, olha, Maria, imaginar é sonhar, e Deus pôs-nos neste mundo para velar e trabalhar, com o pensamento sempre nele, sim, mas sem nos estranharmos a estas coisas da vida que nos cercam, a estas necessidades que nos impõe o estado, a condição em que nascemos. Vês tu, Maria, tu és a nossa única filha, todas as esperanças de teu pai são em ti...

MARIA — E não lhas posso realizar, bem sei. Mas que hei de eu fazer? Eu estudo, leio...

MADALENA — Lês demais, cansas-te, não te distrais como as outras donzelas da tua idade, não és...

MARIA — O que eu sou... só eu, o sei, minha mãe... E não sei, não; não sei nada, senão que o que devia ser não sou... Oh! por que não havia de eu ter um irmão que fosse um galhardo e valente mancebo, capaz de comandar os terços de meu pai, de pegar numa lança daquelas com que os nossos avós corriam a Índia, levando adiante de si turcos e gentios! Um belo moço que fosse o retrato próprio daquele gentil Cavaleiro de Malta que ali está. (*Apontando para o retrato.*) Como ele era bonito, meu pai. Como lhe ficava bem o preto!... E aquela cruz tão alva em cima? Para que deixou ele o hábito, minha mãe, por que não ficou naquela santa religião[18] a vogar em suas nobres galeras por esses mares, e afugentar diante da bandeira da Cruz?

MADALENA — Oh, filha, filha!... (*Mortificada.*) Porque não foi vontade de Deus, tinha de ser doutro modo. Tomara que ele chegasse de Lisboa! Com efeito é muito tardar... valha-me Deus!

CENA V

JORGE, MADALENA e MARIA

JORGE — Ora seja Deus nesta casa! (*Maria beija-lhe o escapulário e depois a mão; Madalena somente o escapulário.*)

MADALENA — Sejais bem-vindo, meu irmão!

---

[18] Manuel de Sousa foi a Malta, pouco mais ou menos, no ano de 1576, para noviciar naquela religião. Duvidam Frei Antonio da Encarnação, e Frei Lucas de Santa Catarina se efetivamente ele seria já noviço quando o aprisionaram os argelinos em uma galé da ordem, pois que o deixaram resgatar; e é sabido que tal não permitiam nunca aos cavaleiros malteses. A opinião mais geral dos escritores é porém que ele chegou a noviciar. E é certo que no ano de 1577 (segundo ele próprio escreve na p. I, Liv. VI, cap. 3 da *Hist. de S. Domingos*) estava cativo em Argel. Daí computa o Sr. Bispo de Viseu que seria cativado pelo ano de 1576. Tomaram-no saindo de Sardenha, conforme refere no prólogo às obras de Jaime Falcão.

Qui in Melitensi triremi adversa tempestate pene eversa a piratis ad Sardiniam capti, Algerium que in Africa trajecti.

Aí "achou entre os cativos", diz Barbosa, "o célebre Miguel Cervantes Saavedra, com quem contraiu muito estreita amizade". Ficou-nos testemunho desta amizade na linda novela de Cervantes, *Trabalhos de Persiles e Sigismunda*.

MARIA — Boas tardes, tio Jorge!

JORGE — Minha Senhora mana! A bênção de Deus te cubra, filha! Também estou desassossegado como vós, mana Madalena: mas não vos aflijais, espero que não há de ser nada. É certo que tive umas notícias de Lisboa...

MADALENA (*assustada*) — Pois que é, que foi?

JORGE — Nada, não vos assusteis; mas é bom que estejais prevenida, por isso vo-lo digo. Os governadores querem sair da cidade... é um capricho verdadeiro... Depois de aturarem metidos ali dentro toda a força da peste, agora que ela está, se pode dizer, acabada, que são raríssimos os casos, é que por força querem mudar de ares[19].

MADALENA — Pois coitados!...

MARIA — Coitado do povo! Que mais valem as vidas deles? Em pestes e desgraças assim eu entendia, se governasse, que o serviço de Deus e do rei me mandava ficar, até a última, onde a miséria fosse mais e o perigo maior, para atender com remédio e amparo aos necessitados. Pois, rei não quer dizer pai comum de todos?

JORGE — A minha donzela Teodora[20]! Assim é, filha; mas o mundo é doutro modo, que lhe faremos?

MARIA — Emendá-lo.

---

[19] A peste começou no fim de outubro de 1508 e estava quase extinta pelos fins de agosto do ano seguinte; mas no outubro imediato começaram a picar novos rebates, não acabando de levantar de todo até fevereiro de 1602.
Hist. de S. Domingos, p. III, L. VI, Cap. 10.

[20] Ainda hoje, na frase comum, a *Donzela Teodora* é o tipo da sabedoria feminina mais superior. Todos conhecem o romance provençal, de gênero e estilo bizantino que, traduzido em português, obteve igual aceitação e popularidade ao *Roberto do Diabo*, à *Formosa Mangalona* e seus pares.

JORGE (*para Madalena, baixo*) — Sabeis que mais? Tenho medo desta criança.

MADALENA (*do mesmo modo*) — Também eu.

JORGE (*alto*) — Mas enfim, resolveram sair; e sabereis mais que, para corte e *buen-retiro* dos nossos cinco réis[21], os senhores governadores de Portugal por D. Filipe de Castela, que Deus guarde, foi escolhida esta nossa boa vila de Almada, que o deveu à fama de suas águas sadias, ares levados e graciosa vista.

MADALENA — Deixá-los vir.

JORGE — Assim é: que remédio! Mas ouvi o resto. O nosso pobre convento de São Paulo tem de hospedar o Senhor Arcebispo D. Miguel de Castro, presidente do governo. Bom prelado é ele; e, se não fosse que nos tira do humilde sossego da nossa vida, por vir como senhor e príncipe secular... o mais, paciência. Pior é o vosso caso...

MADALENA — O meu?!

JORGE — O vosso e de Manuel de Sousa: porque os outros quatro governadores, e aqui está o que me mandaram dizer em muito segredo de Lisboa, dizem que querem vir para esta casa, e pôr aqui aposentadoria.

MARIA (*com vivacidade*) — Fechamos-lhes as portas. Metemos a nossa gente dentro: o terço de meu pai tem mais de seiscentos homens[22], e defendemo-nos. Pois não é uma tirania?... E há de ser bonito!... Tomara eu ver seja o que for que se pareça com uma batalha!

JORGE — Louquinha!

---

[21] "*Quinqueviratus ille invidiam sibi non levem conflavit, mihi inopinatum exilium peperit.*"
Prólogo de Fr. Luís de Sousa às *Obras* de Jaime Falcão.

[22] "*Praefecturam mihi imposuerat rex septimgentorum peditum, equitum ferme centum.*"
Prólogo às *Obras* de Jaime Falcão.

MADALENA — Mas que mal fizemos nós ao Conde de Sabugal e aos outros governadores, para nos fazerem esse desacato? Não há por aí outras casas; e eles não sabem que nesta há senhoras, uma família... e que estou eu aqui?...

MARIA (*que esteve com o ouvido inclinado para a janela*) — É a voz de meu pai! Meu pai que chegou!

MADALENA (*sobressaltada*) — Não ouço nada.

JORGE — Nem eu, Maria.

MARIA — Pois ouço eu muito claro. É meu pai que aí vem... e vem afrontado!

CENA VI

JORGE, MADALENA, MARIA e MIRANDA

MIRANDA — Meu senhor chegou, vi agora daquele alto entrar um bergantim que é por força o nosso. Estáveis com cuidado; e era para isso, que já vai a cerrar-se a noite... Vim trazer-vos depressa a notícia.

MADALENA — Obrigada, Miranda. É extraordinária esta criança; vê e ouve em tais distâncias... (*Maria tem saído para o eirado, mas volta logo depois.*)

JORGE — É verdade. (*À parte.*) Terrível sinal naqueles anos e com aquela compleição!

CENA VII

JORGE, MADALENA, MARIA, MIRANDA e MANUEL DE SOUSA (*entrando com vários criados que o seguem — alguns com brandões acesos. É noite fechada.*)

MANUEL (*parando junto da porta, para os criados*) — Façam o que lhes disse. Já, sem mais detença! Não apaguem esses brandões; encostem-nos aí fora no patim. E tudo o mais que eu mandei. (*Vindo ao proscênio.*) Madalena! Minha querida filha, minha Maria! (*Abraça-as.*) Jorge, ainda bem, que aqui estás, preciso de ti. Bem sei que é tarde e que são horas conventuais; mas eu irei depois contigo dizer a *"mea culpa"* e o *"peccavi"* ao nosso bom Prior. Miranda, vinde cá. (*Vai com ele à porta da esquerda, depois às do eirado e dá-lhe algumas ordens baixo.*)

MADALENA — Que tens tu? Nunca entraste em casa assim. Tens coisa que te dá cuidado... e não mo dizes? O que é?

MANUEL — É que... Senta-te, Madalena; aqui perto de mim, Maria. Jorge, sentemo-nos, que estou cansado. (*Sentam-se todos.*) Pois agora sabei as novidades, que seriam estranhas se não fosse o tempo em que vivemos. (*Pausa.*) É preciso sair já desta casa, Madalena.

MARIA — Ah! Inda bem, meu pai!

MANUEL — Ainda mal! mas não há outro remédio. Sairemos esta noite mesmo. Já dei ordens a toda a família. Telmo foi avisar as tuas aias do que haviam de fazer, e lá anda pelas câmaras velando nesse cuidado. Sempre é bom que vás dar um relance de olhos ao que por lá se faz; eu também irei por minha parte. Mas temos tempo: isto são oito horas, à meia-noite vão quatro; daqui lá o pouco que me importa salvar estará salvo... e eles não virão antes da manhã.

MADALENA — Então sempre é verdade que Luís de Moura e os outros governadores?...

MANUEL — Luís de Moura é um vilão ruim: faz como quem é. O Arcebispo é... o que os outros querem que ele seja. Mas o Conde de Sabugal, o Conde de Santa Cruz[23], que deviam olhar por

---

[23] Quando Filipe II saiu de Lisboa em 1583, deixou por governador o Arquiduque Alberto, auxiliado pelo Arcebispo de Lisboa D. Jorge de Almeida, Pedro de Alcáçova, e Miguel de Moura, secretário. Em 1594, chamado o Arquiduque para o Arcebispado de Toledo, deu o governo a D. Miguel de Castro, novo Arcebispo de Lisboa, aos Condes de Portalegre, de Santa Cruz, do Sabugal, e a Miguel de Moura.

quem são, e que tomaram este encargo odioso... e vil, de oprimir os seus naturais em nome de um rei estrangeiro... Oh, que gente, que fidalgos portugueses!... Hei de lhes dar uma lição, a eles, e a este escravo deste povo que os sofre, como não levam tiranos há muito tempo nesta terra.

MARIA — O meu nobre pai! Oh, o meu querido pai! Sim, sim, mostrai-lhes quem sois e o que vale um português dos verdadeiros.

MADALENA — Meu adorado esposo, não te deites a perder, não te arrebates. Que farás tu contra esses poderosos? Eles já te querem tão mal pelo mais que tu vales que eles, pelo teu saber — que esses grandes fingem que desprezam... mas não é assim, o que eles têm é inveja! O que fará, se lhes deres pretexto para se vingarem da afronta em que os traz a superioridade do teu mérito! Manuel, meu esposo, Manuel de Sousa, pelo nosso amor...

JORGE — Tua mulher tem razão. Prudência, e lembra-te de tua filha.

MANUEL — Lembro-me de tudo, deixa estar. Não te inquietes, Madalena: eles querem vir para amanhã de manhã; e nós forçosamente havemos de sair antes deles entrarem. Por isso é preciso já.

MADALENA — Mas, para onde iremos nós, de repente, a estas horas?

MANUEL — Para a única parte para onde podemos ir: a casa não é minha... mas é tua, Madalena.

MADALENA — Qual?... A que foi?... A que pega com São Paulo[24]?... Jesus me valha!

---

[24] D. João de Portugal, primeiro marido de D. Madalena de Vilhena, tinha bens e casas do lado de Almada. E não foram decerto estas as que incendiou Manuel de Sousa para resistir à prepotência dos Governadores do reino: todas as probabilidades são que a cena do romeiro se passaria em uma casa que tivesse sido de D. João, pois estava ali o seu retrato. Ser ela pegada com a igreja e convento de São Paulo, é que somente foi probabilidade poética ou dramática.

JORGE — E fazem muito bem: a casa é larga e está em bom reparo, tem ainda quase tudo de trastes e paramentos necessários, pouco tereis que levar convosco. E então para mim, para os nossos padres todos, que alegria! Ficamos quase debaixo dos mesmos telhados. Sabeis que tendes ali tribuna para a capela da Senhora da Piedade, que é a mais devota e a mais bela de toda a igreja... Ficamos como vivendo juntos.

MARIA — Tomara-me eu já lá. (*Levanta-se pulando.*)

MANUEL — E são horas, vamos a isto. (*Levantando-se.*)

MADALENA (*vindo para ele*) — Ouve, escuta, que tenho que te dizer; por quem és, ouve: não haverá algum outro modo?

MANUEL — Qual, senhora, e que lhe hei de eu fazer? Lembrai-vos, vede se achais.

MADALENA — Aquela casa... eu não tenho ânimo... Olhai: eu preciso de falar a sós convosco. Frei Jorge, ide com Maria aí para dentro; tenho que dizer a vosso irmão.

MARIA — Tio, venha, quero ver se me acomodam os meus livrinhos (*confidencialmente*), e os meus papéis, que eu também tenho papéis. Deixai que lá na outra casa vos hei de mostrar... Mas segredo!

JORGE — Tontinha!

CENA VIII

MANUEL DE SOUSA e MADALENA

MANUEL (*passeia agitado de um lado para o outro da cena com as mãos cruzadas detrás das costas; e parando de repente*) — Há de saber-se no mundo que ainda há um português em Portugal.

MADALENA — Que tens tu, dize, que tens tu?

MANUEL — Tenho que não hei de sofrer esta afronta... e que é preciso sair desta casa, senhora.

MADALENA — Pois sairemos, sim: eu nunca me opus ao teu querer, nunca soube que coisa era ter outra vontade diferente da tua; estou pronta a obedecer-te sempre, cegamente, em tudo. Mas, oh! esposo da minha alma... para aquela casa não, não me leves para aquela casa! (*Deitando-lhe os braços ao pescoço.*)

MANUEL — Ora tu não eras costumada a ter caprichos! Não temos outra para onde ir; e a estas horas neste aperto... Mudaremos depois, se quiseres... mas não lhe vejo remédio agora. E a casa que tem? Por que foi de teu primeiro marido? É por mim que tens essa repugnância? Eu estimei e respeitei sempre a D. João de Portugal; honro a sua memória, por ti, por ele e por mim; e não tenho na consciência por que receie abrigar-me debaixo dos mesmos tetos que o cobriram. Viveste ali com ele? Eu não tenho ciúmes de um passado que me não pertencia. E o presente, esse é meu, meu só, todo meu, querida Madalena... Não falemos mais nisso: é preciso partir, e já.

MADALENA — Mas é que tu não sabes... Eu não sou melindrosa nem de invenções; em tudo o mais sou mulher e muito mulher, querido; nisso não... Mas tu não sabes a violência, o constrangimento d'alma, o terror com que eu penso em ter de entrar naquela casa. Parece-me que é voltar ao poder dele, que é tirar-me dos teus braços, que o vou encontrar ali... Oh, perdoa, perdoa-me, não me sai esta idéia da cabeça... que vou achar ali a sombra despeitosa de D. João, que me está ameaçando com uma espada de dois gumes... que a atravessa no meio de nós, entre mim e ti e a nossa filha, que nos vai separar para sempre... Que queres? Bem sei que é loucura; mas a idéia de tornar a morar ali, de viver ali contigo e com Maria, não posso com ela. Sei decerto que vou ser infeliz, que vou morrer naquela casa funesta, que não estou ali três dias, três horas sem que todas as calamidades do mundo venham sobre nós. Meu esposo, Manuel, marido da minha alma, pelo nosso amor to peço, pela nossa filha... vamos seja para onde for, para a cabana de algum pobre pescador desses contornos, mas para ali não, oh! não!

MANUEL — Em verdade nunca te vi assim; nunca pensei que

tivesses a fraqueza de acreditar em agouros. Não há senão um temor justo, Madalena, é o temor de Deus; não há espectros que nos possam aparecer senão os das más ações que fazemos. Que tens tu na consciência que tos faça temer? O teu coração e as tuas mãos estão puras; para os que andam diante de Deus, a terra não tem sustos, nem o inferno pavores que se lhes atrevam. Rezaremos por alma de D. João de Portugal nessa devota capela que é parte da sua casa; e não hajas medo que nos venha perseguir neste mundo aquela santa alma que está no Céu, e que em tão santa batalha, pelejando por seu Deus e por seu rei, acabou mártir às mãos dos infiéis. Vamos, D. Madalena de Vilhena, lembrai-vos de quem sois e de quem vindes, Senhora... e não me tires, querida mulher, com vãs quimeras de crianças, a tranquilidade do espírito e a força do coração, que as preciso inteiras nesta hora.

MADALENA — Pois que vais tu fazer?

MANUEL — Vou, já te disse, vou dar uma lição aos nossos tiranos que lhes há de lembrar; vou dar um exemplo a este povo que o há de alumiar...

CENA IX

MANUEL DE SOUSA, MADALENA, TELMO, MIRANDA
e os outros criados (*entrando apressadamente*)

TELMO — Senhor, desembarcaram agora grande comitiva de fidalgos, escudeiros e soldados que vêm de Lisboa e sobem a encosta para a vila. O Arcebispo não é decerto, que já cá está há muito no convento; diz-se por aí...

MANUEL — Que são os governadores? (*Telmo faz um sinal afirmativo.*) Quiseram-me enganar, e apressam-se a vir hoje... parece que adivinharam... Mas não me colheram desapercebido (*Chama à porta da esquerda.*) Jorge, Maria! (*Volta para a cena.*) Madalena, já, já, sem mais demora.

CENA X

MANUEL DE SOUSA, MADALENA, TELMO, MIRANDA
e os outros criados; JORGE e MARIA (*entrando*)

MANUEL — Jorge, acompanha estas damas. Telmo, ide, ide com elas. (*Para os outros criados.*) Partiu já tudo; as arcas, os meus cavalos, armas e tudo o mais?

MIRANDA — Quase tudo foi já; o pouco que falta está pronto e sairá num instante... pela porta de trás, se quereis.

MANUEL — Bom; que saia. (*A um sinal de Miranda saem dois criados.*) Madalena, Maria: não vos quero ver aqui mais. Já, ide; estarei convosco em pouco tempo.

CENA XI

MANUEL DE SOUSA, MIRANDA e os outros criados

MANUEL — Meu pai morreu desastrosamente caindo sobre a sua própria espada. Quem sabe se eu morrerei nas chamas ateadas por minhas mãos[25]? Seja. Mas fique-se aprendendo em Portugal como um homem de honra e coração, por mais poderosa que seja a tirania, sempre lhe pode resistir, em perdendo o amor a coisas tão vis e precárias como são esses haveres que duas faíscas destroem num momento... como é esta vida miserável que um sopro pode apagar em menos tempo ainda! (*Arrebata duas tochas das mãos dos criados, corre à porta da esquerda, atira com uma para dentro; e vê-se atear logo uma labareda imensa. Vai ao fundo, atira a outra tocha; e sucede o mesmo. Ouve-se alarido de fora.*)

---

[25] Sucedeu isto na vila de Povos em janeiro de 1577. V. Frei Antônio da Encarnação, Prólogo à p. II da *Hist. de S. Domingos*.

CENA XII

MANUEL DE SOUSA e criados; MADALENA, MARIA, TELMO e JORGE (*acudindo*)

MADALENA — Que fazes?... Que fizeste? Que é isto, oh, meu Deus!

MANUEL (*tranqüilamente*) — Ilumino a minha casa para receber os muito poderosos e excelentes senhores governadores destes reinos[26]. Suas excelências podem vir quando quiserem.

MADALENA — Meu Deus, meu Deus!... Ai, e o retrato de meu marido!... Salvem-me aquele retrato. (*Miranda e o outro criado vão para tirar o painel; uma coluna de fogo salta nas tapeçarias e os afugenta.*)

MANUEL — Parti, parti. As matérias inflamáveis que eu tinha disposto vão-se ateando com espantosa velocidade. Fugi.

MADALENA (*cingindo-se no braço do marido*) — Sim, sim, fujamos.

MARIA (*tomando-o do outro braço*) — Meu pai, nós não fugimos sem vós.

TODOS — Fujamos, fujamos... (*Redobram os gritos de fora, ouve-se rebate de sinos; cai o pano.*)

◻

---

[26] "*Com vehementer animo commotus essem, nova et inaudita metamorphosis indignantes parietes injuriae subduxit, in fummum et cineres abiere...*"
Prólogo às *Obr.* de Falcão.
O epigrama latino do mesmo Frei Luís de Sousa, segundo o refere Barbosa, ainda é mais veemente e elevado:
Quos flamma absumpsit roddet mihi fama Penates,
Ponet et aeternam, non moritura, domum.

Ato segundo

É no palácio que fora de D. João de Portugal, em Almada; salão antigo de gosto melancólico e pesado, com grandes retratos de família, muitos de corpo inteiro, bispos, donas, cavaleiros, monges: estão em lugar mais conspícuo, no fundo, o de el-rei D. Sebastião, o de Camões e o de D. João de Portugal. Portas do lado direito para o exterior, do esquerdo para o interior, cobertas de reposteiros com as armas dos condes de Vimioso. São as antigas da Casa de Bragança[1], uma aspa vermelha sobre campo de prata com cinco escudos do reino, um no meio e os quatro nos quatro extremos da aspa; em cada braço e entre dois escudos uma cruz floreteada, tudo do modo que trazem atualmente os Duques de Cadaval; sobre o escudo coroa de conde. No fundo um reposteiro muito maior e com as mesmas armas cobre as portadas da tribuna que deita sobre a capela da Senhora da Piedade na igreja de São Paulo dos dominicos de Almada.

CENA I

MARIA e TELMO

MARIA (*saindo pela porta da esquerda e trazendo pela mão a Telmo, que parece vir de pouca vontade*) — Vinde, não façais bulha, que minha mãe ainda dorme. Aqui, aqui nesta sala é que quero conversar. E não teimes, Telmo, que fiz tenção e acabou-se!

TELMO — Menina!...

MARIA — "Menina e moça me levaram de casa de meu pai"

---

[1] V. *Memórias dos Grandes de Portugal* por D. Antônio Caetano de Sousa.

— é o princípio daquele livro tão bonito[2] que minha mãe diz que não entende: entendo-o eu. Mas aqui não há menina nem moça; e vós, senhor Telmo Pais, meu fiel escudeiro, "faredes o que mandado vos é"[3]. E não me repliques, que então altercamos, faz-se bulha, e acorda minha mãe, que é o que eu não quero. Coitada! Há oito dias que aqui estamos nesta casa, e é a primeira noite que dorme com sossego. Aquele palácio a arder, aquele povo a gritar, o rebate dos sinos, aquela cena toda... Oh! Tão grandiosa e sublime, que a mim me encheu de maravilha, que foi um espetáculo como nunca vi outro de igual majestade!... À minha pobre mãe aterrou-a, não se lhe tira dos olhos; vai a fechá-los para dormir e diz que vê aquelas chamas enoveladas em fumo a rodear-lhe a casa, a crescer para o ar, e a devorar tudo com fúria infernal... O retrato de meu pai, aquele do quarto de lavor tão seu favorito em que ele estava tão gentil-homem, vestido de Cavaleiro de Malta com a sua cruz branca no peito, aquele retrato não se pode consolar de que lho não salvassem, que se queimasse ali. Vês tu? Ela que não cria em agouros, que sempre me estava a repreender pelas minhas cismas, agora não lhe sai da cabeça que a perda do retrato é prognóstico fatal de outra perda maior, que está perto, de alguma desgraça inesperada, mas certa, que a tem de separar de meu pai. E eu agora é que faço de forte e assisada, que zombo de agouros e de sinas... para a animar, coitada!... Que aqui entre nós, Telmo, nunca tive tanta fé neles. Creio, oh, se creio! que são avisos que Deus nos manda para nos preparar. E há... oh! há grande desgraça a cair sobre meu pai... decerto! E sobre minha mãe também, que é o mesmo.

TELMO (*disfarçando o terror de que está tomado*) — Não digais isso... Deus há de fazê-lo por melhor, que lho merecem ambos. (*Cobrando ânimo e exaltando-se.*) Vosso pai, D. Maria, é

---

[2] São efetivamente estas, que Maria cita gracejando, as primeiras palavras do misterioso livro das *Saudades* de Bernardim Ribeiro, que tão popular foi entre nós, apesar, ou talvez pela mesma obscuridade, de seus enigmas e anagramas. Na rara edição, que agora alcanço, de 1559, têm alguma diferença.

[3] É o antiquado de "fareis", que Maria aqui emprega com graciosa afetação, para falar em estilo de donzela romanesca dando ordens ao seu escudeiro.
Ponho isto aqui porque sei que me notaram o arcaísmo como impróprio do tempo; era-o com efeito no século XVII em que aí estamos, se não fora trazido assim.

um português às direitas. Eu sempre o tive em boa conta; mas agora, depois que lhe vi fazer aquela ação, que o vi com aquela alma de português velho, deitar as mãos às tochas, e lançar ele mesmo o fogo à sua própria casa; queimar e destruir numa hora tanto do seu haver, tanta coisa do seu gosto, para dar um exemplo de liberdade, uma lição tremenda a estes nossos tiranos... Oh, minha querida filha, aquilo é um homem! A minha vida, que ele queira, é sua. E a minha pena, toda a minha pena é que o não conheci, que o não estimei sempre no que ele valia.

MARIA (*com lágrimas nos olhos, e tomando-lhe as mãos*) — Meu Telmo, meu bom Telmo!... É uma glória ser filha de tal pai, não é? Dize!

TELMO — Sim, é; Deus o defenda!

MARIA — Deus o defenda! Amém. E eles, os tiranos governadores, ainda estarão muito contra meu pai? Já soubeste hoje alguma cousa das diligências do tio Frei Jorge?

TELMO — Já, sim. Vão-se desvanecendo, ainda bem! Os agouros de vossa mãe... hão de sair falsos de todo. O Arcebispo, o Conde de Sabugal, e os outros, já vosso tio os trouxe à razão, já os moderou. Miguel de Moura é que ainda está renitente; mas há de lhe passar. Por estes dias fica tudo sossegado. Já o estava, se ele quisesse dizer que o fogo tinha pegado por acaso. Mas ainda bem que o não quis fazer; era desculpar com a vilania de uma mentira o generoso crime por que o perseguem.

MARIA — Meu nobre pai! Mas quando há de ele sair daquele homizio? Passar os dias retirado nessa quinta tão triste d'além do Alfeite, e não poder vir aqui senão de noite, por instantes, e Deus sabe com que perigo!

TELMO — Perigo nenhum; todos o sabem e fecham os olhos. Agora é só conservar as aparências aí mais uns dias, e depois fica tudo como dantes.

MARIA — Ficará, pode ser; Deus queira que seja! Mas tenho cá uma cousa que me diz que aquela tristeza de minha mãe, aquele susto, aquele terror em que está, e que ela disfarça com tanto trabalho na presença de meu pai (também a mim mo queria encobrir, mas agora já não pode, coitada!) aquilo é pressentimento de desgraça grande... Oh! mas é verdade... vinde cá. (*Leva-o diante dos três retratos que estão no fundo; apontando para o de D. João.*) De quem é este retrato aqui, Telmo?

TELMO (*olha e vira a cara de repente*) — Esse é... há de ser... é um da família, destes senhores da Casa de Vimioso que aqui estão tantos.

MARIA (*ameaçando-o com o dedo*) — Tu não dizes a verdade, Telmo.

TELMO (*quase ofendido*) — Eu nunca menti, senhora D. Maria de Noronha.

MARIA — Mas não diz a verdade toda o senhor Telmo Pais, que é quase o mesmo.

TELMO — O mesmo!... Disse-vos o que sei, e o que é verdade; é um cavaleiro da família de meu outro amo que Deus... que Deus tenha em bom lugar.

MARIA — E não tem nome o cavaleiro?

TELMO (*embaraçado*) — Há de ter; mas eu é que...

MARIA (*como quem lhe vai tapar a boca*) — Agora é que tu ias mentir de todo... cala-te. Não sei para que são estes mistérios; cuidam que eu hei de ser sempre criança! Na noite que viemos para esta casa, no meio de toda aquela desordem, eu e minha mãe entramos por aqui dentro sós e viemos ter a esta sala. Estava ali um brandão aceso, encostado a uma dessas cadeiras que tinham posto no meio da casa; dava todo o clarão da luz naquele retrato... Minha mãe que me trazia pela mão, põe de repente os olhos nele e dá um grito. Oh, meus Deus!... ficou tão perdida de susto, ou não sei de que, que me ia caindo em cima. Pergunto-lhe o que é; não me respondeu. Arrebata da tocha, e leva-me com uma força... com uma pressa a correr por essas casas, que parecia que vinha alguma cousa má atrás de nós. Ficou naquele estado em que a temos visto há oito dias, e não lhe quis falar mais em tal. Mas este retrato que ela não nomeia nunca de quem é, e só diz assim às vezes: "O outro, o outro...", este retrato, e o de meu pai que se queimou, são duas imagens que lhe não saem do pensamento.

TELMO (*com ansiedade*) — E esta noite ainda lidou muito nisso?

MARIA — Não; desde ontem pela tarde, que cá esteve o tio Frei Jorge e a animou com muitas palavras de consolação e de esperança em Deus, e que lhe disse do que contava abrandar os governadores, minha mãe ficou outra; passou-lhe de todo, ao menos até agora. Mas então, vamos, tu não me dizes do retrato? Olha (*designando o de el-rei. D. Sebastião*), aquele do meio, bem sabes se o conhecerei: é o do meu querido e amado rei D. Sebastião. Que majestade! Que testa aquela tão austera, mesmo dum rei moço e sincero ainda, leal, verdadeiro, que tomou ao sério o cargo de reinar, e jurou que há de engrandecer e cobrir de glória o seu reino! Ele ali está... E pensar que havia de morrer às mãos de mouros, no meio de um deserto, que numa hora se havia de apagar toda a ousadia refletida que está naqueles olhos rasgados, no apertar daquela boca[4]... Não pode ser, não pode ser. Deus não podia consentir em tal.

TELMO — Que Deus te ouvisse, anjo do céu!

MARIA — Pois não há profecias que o dizem[5]? Há, e eu creio nelas. E também creio naquele outro que ali está (*indica o retrato de Camões*), aquele teu amigo com quem tu andaste lá pela Índia, nessa terra de prodígios e bizarrias, por onde ele ia... como é? Ah, sim...

---

[4] De todos os retratos de D. Sebastião que sei existirem, creio que o mais autêntico é o que está, ou estava pelo menos até 1832, em Angra na ilha Terceira, no palácio do governo que antigamente fora Colégio dos Jesuítas. É tradição ter sido para ali mandado por el-rei mesmo em sua vida. Muitas vezes contemplei longamente aquele retrato na minha mocidade, e por ele é feita a descrição que pus na boca de Maria.

[5] Veja a nota 14, do primeiro ato.

"Numa mão sempre a espada e noutra a pena..."

TELMO — Oh! o meu Luís, coitado! Bem lho pagaram. Era um rapaz mais moço do que eu, muito mais... e quando o vi a última vez... foi no alpendre de São Domingos em Lisboa[6], parece-me que o estou a ver, tão mal trajado, tão encolhido... ele que era tão desembaraçado e galã... e então velho! Velho alquebrado, com aquele olho que valia por dois, mas tão sumido e encovado já, que eu disse comigo: "Ruim terra te comerá cedo, corpo da maior alma que deitou Portugal!". E dei-lhe um abraço... foi o último... Ele pareceu ouvir o que me estava dizendo o pensamento cá por dentro, e disse-me: "Adeus, Telmo! São Telmo seja comigo neste cabo da navegação[7]... que já vejo terra, amigo" — e apontou para uma cova que ali se estava a abrir. Os frades rezavam o ofício dos mortos na igreja... Ele entrou para lá, e eu fui-me embora. Daí a um mês, vieram-me aqui dizer: "Lá foi Luís de Camões num lençol para Santana"[8]. E ninguém mais falou nele.

MARIA — Ninguém mais!... Pois não lêem aquele livro que é para dar memória aos mais esquecidos?

TELMO — O livro sim; aceitaram-no como o tributo de um escravo. Estes ricos, estes grandes, que oprimem e desprezam tudo

---

[6] É sabido que o nosso ilustre poeta passou os últimos tempos da sua vida na conversação e intimidade dos bons padres de São Domingos de Lisboa, e que reviu e alterou em muitas coisas o seu poema pelo conselho e aviso de alguns varões doutos que abundavam naquela ordem, e de quem era tão estimado quanto foi mal visto e perseguido dos Jesuítas. O alpendre de São Domingos é dos sítios mais históricos de Lisboa. Ali se passaram muitos dos memoráveis sucessos das nossas revoluções, ali se fizeram e desfizeram reis, ali levaram os povos muito engano e desengano. Era lugar de comum freqüência para ociosos e negociosos, que o hábito geral e a popularidade dos padres ali atraía.

[7] *São Telmo* (São Pedro Gonçalves Telmo, da ordem dos dominicos) é o advogado dos mareantes. Todos sabem o que é o fogo de *São Telmo* em que a nossa gente do mar não quis nunca ver o fenômeno natural senão o anúncio da proteção do seu santo.

[8] A igreja de Santana, hoje do convento de freiras do mesmo nome, era então paróquia. Veja o que a este respeito escrevi nas notas ao poema *Camões*.

o que não são as suas vaidades, tomaram o livro como uma cousa que lhes fizesse um servo seu e para honra deles. O servo, acabada a obra, deixaram-no morrer ao desamparo sem lhe importar com isso... Quem sabe se folgaram? Podia pedir-lhes uma esmola, escusavam de se incomodar a dizer que não.

MARIA (*com entusiasmo*) — Está no Céu, que o Céu fez-se para os bons e para os infelizes, para os que já cá da terra o adivinharam! Este lia nos mistérios de Deus; as suas palavras são de profeta. Não te lembras o que lá diz do nosso rei D. Sebastião?[9]... Como havia de ele então morrer? Não morreu. (*Mudando de tom.*) Mas o outro, o outro... Quem é este outro, Telmo? Aquele aspecto tão triste, aquela expressão de melancolia tão profunda... aquelas barbas tão negras e cerradas... e aquela mão que descansa na espada como quem não tem outro arrimo, nem outro amor nesta vida...

TELMO (*deixando-se surpreender*) — Pois tinha, oh! se tinha... (*Maria olha para Telmo, como quem compreendeu, depois torna a fixar a vista no retrato; e ambos ficam diante dele como fascinados. No entretanto, e às últimas palavras de Maria, um homem embuçado com chapéu sobre os olhos levanta o reposteiro da direita e vem, pé ante pé, aproximando-se dos dois, que o não sentem.*)

CENA II

MARIA, TELMO e MANUEL DE SOUSA

MANUEL — Aquele era D. João de Portugal, um honrado fidalgo, e um valente cavaleiro.

---

[9] A invocação a D. Sebastião, nos *Lusíadas*, parece escrita depois da primeira jornada de el-rei a África; não é um tributo de vã lisonjaria, como a do *Orlando* ou a de *Jerusalém* e as de quase todas as outras epopéias modernas; mas o entusiasmo ardente do guerreiro, a oferta sincera do patriota que põe à disposição do seu rei mancebo e empreendedor "o braço às armas feito" e "a mente às musas dada".

D. Sebastião era talvez homem para sentir o valor da oferta: mas tinha uma corte, como são todas as cortes, em que só tem valia e valimento a baixeza covarde e a intriga sem mérito: Camões foi tratado como devia ser.

MARIA (*respondendo sem observar quem lhe fala*) — Bem mo dizia o coração.

MANUEL (*desembuçando-se e tirando o chapéu com muito afeto*) — Que te dizia o coração, minha filha?

MARIA (*reconhecendo-o*) — Oh, meu pai, meu querido pai! Já me não diz mais nada o coração senão isto. (*Lança-se-lhe nos braços e beija-o na face muitas vezes.*) Ainda bem que viestes. Mas de dia!... Não tendes receio, não há perigo já?

MANUEL — Perigo, pouco. Ontem à noite não pude vir; e hoje não tive paciência para aguardar todo o dia. Vim bem coberto com esta capa...

TELMO — Não há perigo nenhum, meu senhor; podeis estar à vontade e sem receio. Esta madrugada muito cedo estive no convento, e sei pelo senhor Frei Jorge que está, se pode dizer, tudo concluído.

MANUEL — Pois ainda bem, Maria. E tua mãe, tua mãe, filha?

MARIA — Desde ontem está outra...

MANUEL (*em ação de partir*) — Vamos a vê-la.

MARIA (*retendo-o*) — Não, que dorme ainda.

MANUEL — Dorme? Oh, então melhor. Sentemo-nos aqui, filha, e conversemos. (*Toma-lhe as mãos; sentam-se.*) Tens as mãos tão quentes! (*Beija-a na testa.*) E esta testa, esta testa!... Escalda. Se isto está sempre a ferver! Valha-te Deus, Maria! Eu não quero que tu penses!

MARIA — Então que hei de eu fazer?

MANUEL — Folgar, rir, brincar, tanger na harpa, correr nos campos, apanhar as flores... E Telmo que te não conte mais histórias, que te não ensine mais trovas e solaus. Poetas e trovadores padecem todos da cabeça... e é um mal que se pega.

MARIA — Então para que fazeis vós versos como eles[10]?... eu bem sei que fazeis.

MANUEL (*sorrindo*) — Se tu sabes tudo! Maria, minha Maria! (*Animando-a.*) Mas não sabias ainda agora de quem era aquele retrato...

MARIA — Sabia.

MANUEL — Ah, você sabia e estava fingindo?

MARIA (*gravemente*) — Fingir não, meu pai. A verdade... é que eu sabia de um saber cá de dentro; ninguém mo tinha dito, e eu queria ficar certa.

MANUEL — Então adivinhas, feiticeira. (*Beija-a na testa.*) Telmo, ide ver se chamais meu irmão: dizei-lhe que estou aqui.

---

[10] Além do belo epigrama que já citei na nota 26, do primeiro ato, restam-nos alguns outros fragmentos de poesias de Frei Luís de Sousa que bem mostram quanto era íntimo no comércio das musas. Alguns versos do seu poema *Navigatio antarctica* conservados por Barbosa, e em que ele encarece as saudades da mulher e da filha, são dignos de se recordarem:

> *Quin et curarum fluctu contundor acerbo*
> *Dum, procul a patria, toto jam dividor orbe,*
> *Ea subeunt conjux, et natae dulcis imago.*

No prólogo às *Obras* do seu amigo e mestre, Jaime Falcão, assim descreve ele Almada e a vida poética e descuidosa, que ali vivia antes que o obrigasse a emigrar a prepotência dos Governadores. *Locus Ulyssiponi imminet brevi freto interfluente Tago, saluber coelo, fontibus exuberans musarum otiis commodissimus.*

Mas que não tivéssemos nenhum destes documentos, na suave melancolia, nas sinceras belezas da prosa de Frei Luís de Sousa, tínhamos segura prova de que, na mocidade e no século, devia ter sido grande poeta quem, na velhice e na religião, escrevia daquela prosa. Há, na *Vida do Arcebispo* e na *História de S. Domingos*, trechos de poesia descritiva — de drama — aspirações de quanto há mais sublime e elevado no coração humano — que são modelos perfeitíssimos d'arte, verdadeira reverberação do ideal em que unicamente está, e esteve sempre, a genuína poesia.

CENA III

MANUEL DE SOUSA e MARIA

MANUEL — Ora ouve cá, filha. Tu tens uma grande propensão para achar maravilhas e mistérios nas cousas mais naturais e singelas. E Deus entregou tudo à nossa razão, menos os segredos de sua natureza inefável, os de seu amor, e de sua justiça e misericórdia para conosco. Esses são os pontos sublimes e incompreensíveis da nossa fé! Esses crêem-se; tudo o mais examina-se. Mas vamos (*sorrindo*), não dirão que sou da Ordem dos Pregadores? Há de ser destas paredes, é unção da casa: que isto é quase um convento aqui, Maria... Para frades de São Domingos não nos falta senão o hábito...

MARIA — Que não faz o monge...

MANUEL — Assim é, querida filha! Sem hábito, sem escapulário nem correia, por baixo do cetim e do veludo, o cilício pode andar tão apertado sobre as carnes, o coração tão contrito no peito... a morte — e a vida que vem depois dela — tão diante dos olhos sempre, como na cela mais estreita e com o burel mais grosseiro cingido. Mas enfim, chega-te aos bons... sempre é meio caminho andado. Eu estou contentíssimo de virmos para esta casa — quase que nem já me pesa da outra. Tenho aqui meu irmão Jorge e todos estes bons padres de São Domingos como de portas a dentro. Ainda não viste daqui a igreja? (*Levanta o reposteiro do fundo e chegam ambos à tribuna.*) É uma devota capela esta. E todo o templo tão grave! Dá consolação vê-lo. Deus nos deixe gozar em paz de tão boa vizinhança. (*Tornam para o meio da casa.*)

MARIA (*que parou diante do retrato de D. João de Portugal, volta-se de repente para o pai*) — Meu pai, este retrato é parecido?

MANUEL — Muito; é raro ver tão perfeita semelhança[11]: o ar,

---

[11] Devia de ser extremamente parecido um retrato que pôde ser imediatamente reconhecido pelo peregrino que apenas tinha visto a D. João em Jerusalém no fim de tantos anos e depois de tantos trabalhos. E assim é como a história se conta pelos biógrafos de Frei Luís de Sousa. No pressuposto do presente drama, a explicação é mais fácil e podia ser outra.

os ademanes, tudo. O pintor copiou fielmente quanto viu. Mas não podia ver, nem lhe cabiam na tela, as nobres qualidades de alma, a grandeza e valentia de coração, e a fortaleza daquela vontade, serena mas indomável, que nunca foi vista mudar. Tua mãe ainda hoje estremece só de o ouvir nomear; era um respeito, era quase um temor santo que lhe tinha.

MARIA — E lá ficou naquela fatal batalha!...

MANUEL — Ficou. Tens muita pena, Maria?

MARIA — Tenho.

MANUEL — Mas se ele vivesse... não existias tu agora, não te tinha aqui nos meus braços.

MARIA (*escondendo a cabeça no seio do pai*) — Ai, meu pai!

CENA IV

MARIA, MANUEL DE SOUSA e JORGE

JORGE — Ora alvíssaras, minha dona sobrinha! Venha-me já abraçar, senhora D. Maria. (*Maria beija-lhe o escapulário; e depois abraçam-se.*) Inda bem que vieste, meu irmão! Está tudo feito: os governadores deixam cair o caso em esquecimento; Miguel de Moura já cedeu. O Arcebispo foi ontem a Lisboa e volta esta tarde. Vamos eu e mais quatro religiosos nossos buscá-lo para o acompanhar, e tu hás de vir conosco para lhe agradecer; que não teve parte no agravo que te fizeram, e foi quem acabou com os outros que se não ressentissem da ofensa ou do que lhes prouve tomar como tal... Deixemos isso. Volta para o convento e quase que vem ser teu hóspede! É preciso fazer-lhe cumprimento, que no-lo merece.

MANUEL — Se ele vem só, sem os outros...

JORGE — Só, só: os outros estão por essas quintas de aquém do Tejo. E nós não chegamos aqui senão lá por noite.

MANUEL — Se entendes que posso ir...

JORGE — Podes e deves.

MANUEL — Vou de certo. E até eu preciso de ir a Lisboa; tenho negócio de importância no Sacramento, no vosso convento novo de freiras abaixo de São Vicente[12]; necessito falar com a abadessa.

MARIA — Oh meu pai, meu querido pai, levai-me por quem sois, convosco. Eu queria ver a tia Joana de Castro; é o maior gosto que posso ter nesta vida. Quero ver aquele rosto... De mim não se há de tapar...

MANUEL — E tua mãe?

MARIA — Minha mãe dá licença, dá. Ela já está boa... oh, e em vos vendo fica boa de todo, e eu vou.

MANUEL — E os ares maus de Lisboa?

JORGE — Isso já acabou de todo; nem sinal de peste. Mas, enfim, a prudência...

MARIA — A mim não se me pega nada. Meu querido pai, vamos, vamos.

MANUEL — Veremos o que diz tua mãe, e como ela está.

---

[12] Este convento, instituído por causa do religioso divórcio dos condes de Vimioso, D. Luís de Portugal e D. Joana de Castro Mendonça, esteve interinamente, desde 1607, numas casas que foram de morgado, dos campos abaixo de São Vicente de Fora e sobre o bairro de Alfama. Só em 1616 é que se mudaram as freiras em solene procissão para a nova e própria casa *sobre o rio, junto à ponte de Alcântara.*

V. *Hist. de S. Dom.,* T. III, Cap. XV.

CENA V

MARIA, MANUEL DE SOUSA, JORGE e MADALENA
(*entrando*)

MADALENA (*correndo a abraçar Manuel de Sousa*) — Estou boa já, não tenho nada, esposo da minha alma. Todo o meu mal era susto; era terror de te perder.

MANUEL — Querida Madalena!

MADALENA — Agora estou boa. Telmo já me disse tudo, e curou-me com a boa nova. Maria, Deus lembrou-se de nós: ouviu as tuas orações, filha, que as minhas... (*Vai a recair na sua tristeza.*)

JORGE — Ora pois, mana, ora pois!... Louvado seja Ele por tudo. E haja alegria! Que era sermos desagradecidos para com o Senhor, que nos valeu, mostrar-se hoje alguém triste nesta casa.

MADALENA (*fazendo por se alegrar*) — Triste por quê? As tristezas acabaram. (*Para Manuel de Sousa:*) Tu ficas aqui já de vez. Não me deixas mais, não sais de perto de mim? Agora, olha, estes primeiros dias ao menos, hás de me aturar, hás de me fazer companhia. Preciso muito, querido.

MANUEL — Pois sim, Madalena, sim; farei quanto quiseres.

MADALENA — É que eu estou boa... boa de todo; mas tenho uma...

MANUEL — Uma imaginação que te atormenta. Havemos de castigá-la, ainda que não seja senão para dar exemplo a certa donzela que nos está ouvindo e que precisa... precisa muito. Pois olha: hoje é sexta-feira...

MADALENA — Sexta-feira! (*Aterrada.*) Ai que é sexta-feira[13]!

---

[13] Em algumas partes do reino a terça é mais aziago dia ainda do que a sexta-feira. Esta, porém, não só entre nós mas em quase todo o mundo, é havida por dia nefasto e de mau agouro.

MANUEL — Para mim tem sido sempre o dia mais bem estreado de toda a semana.

MADALENA — Sim!

MANUEL — É o dia da Paixão de Cristo, Madalena.

MADALENA (*caindo em si*) — Tens razão.

MANUEL — É hoje sexta-feira; e daqui a oito... vamos — daqui a quinze dias bem contados, não saio de casa. Estás contente?

MADALENA — Meu esposo, meu marido, meu querido Manuel!

MANUEL — E tu, Maria?

MARIA (*amuada*) — Eu não.

MANUEL (*para Madalena*) — Queres tu saber por que é aquele amuo? É que eu precisava de ir hoje a Lisboa...

MADALENA — A Lisboa... hoje?!

MANUEL — Sim; e não posso deixar de ir. Sabes que por fins desta minha pendência com os governadores, eu fiquei em dívida — quem sabe se da vida? Miguel de Moura e esses meus degenerados parentes eram capazes de tudo! — Mas o certo é que fiquei em muita dívida ao Arcebispo. Ele volta hoje aqui para o convento; e meu irmão, que vai com outros religiosos para o acompanharem, entende que eu também devo ir. Bem vês que não há remédio.

MADALENA — Logo hoje!... este dia de hoje é o pior... se fosse amanhã, se fosse passado hoje!... E quando estarás de volta?

JORGE — Estamos aqui sem falta à boca da noite.

MADALENA (*fazendo por se resignar*) — Paciência; ao menos valha-nos isso. Não me deixam aqui só outra noite... Esta noite, particularmente, não fico só...

MANUEL — Não; sossega; estou aqui ao anoitecer. E nunca mais saio de perto de ti. E não serão quinze dias, vinte, os que tu quiseres.

MARIA — Então vou, meu pai, vou? Minha mãe dá licença, dá?

MADALENA — Vais aonde, filha? Que dizes tu?

MARIA — Com meu pai, que tem de ir ao Sacramento, de caminho. E bem sabeis, querida mãe, que eu ando há tanto tempo para ir àquele convento para conhecer a tia D. Joana...

JORGE — Sóror Joana; assim é que se chama agora.

MARIA — É verdade. E andam-me a prometer, há um ano, que me hão de levar lá... Desta vez hão de mo cumprir... não é assim, minha mãe (*acarinhando-a*), minha querida mãezinha? Sim, sim, dizei já que sim.

MADALENA (*abraçada com a filha*) — Oh, Maria, Maria... também tu me queres deixar! Também tu me desamparas... e hoje!

MARIA — Venho logo, minha mãe, venho logo. Olhai, e não tenhais cuidado comigo; vai meu pai, vai o tio Jorge, e levo a minha aia, a Dorotéia... E, é verdade, o meu fiel escudeiro há de ir também, o meu Telmo.

MADALENA — E tua mãe, filha, deixá-la aqui só, a morrer de tristeza? (*à parte*) E de medo!

MANUEL — Tua mãe tem razão, não há de ser assim, hoje não pode ser. (*Maria fica triste e desconsolada.*)

JORGE — Ora pois; eu já disse que não queria ver hoje ninguém triste nesta casa. Venha cá a minha donzela dolorida (*pegando-lhe pela mão*), e faça aqui muitas festas ao tio frade, que eu fico a fazer companhia a sua mãe. E vá, vá satisfazer essa louvável curiosidade que tem de ir ver aquela santa freirinha que tanto deixou para deixar o mundo e se ir enterrar num claustro. Vá, e venha... melhor de coração, não pode ser — que tu és boa como as que são boas, minha Maria — mas quero-te mais fria de cabeça: ouves?

MARIA (*à parte*) — Fria!... quando ela estiver ôca! (*Alto.*) Vou-me aprontar, minha mãe?

MADALENA (*sem vontade*) — Se teu pai quer...

MANUEL — Dou licença: vai. (*Maria sai a correr.*)

CENA VI

MANUEL DE SOUSA, MADALENA e JORGE

MANUEL — É preciso deixá-la espairecer, mudar de lugar, distrair-se; aquele sangue está em chamas, arde sobre si e consome-se a não o deixarem correr à vontade. Há de vir melhor, verás.

MADALENA — Deus o queira! Telmo que vá com ela; não o quero cá.

MANUEL — Por quê?

MADALENA — Porque... Maria... Maria não está bem sem ele, e ele também... em estando sem Maria que é a sua segunda vida, diz o pobre do velho... Sabes? Já treslê muito... já está muito... e entra-me com cismas que...

MANUEL — Está, está muito velho, coitado! Pois, que vá: melhor é.

CENA VII

MANUEL DE SOUSA, MADALENA, JORGE; MARIA
entrando com TELMO e DOROTÉIA

MARIA — Então vamos, meu pai.

MANUEL — Pois vamos.

JORGE — E são horas; vão. A Ribeira é um pedaço de rio; e até às sete, o mais, tu precisas de estar de volta à porta da Oira, que é onde irão ter os nossos padres à espera do Arcebispo. Eu cá me desculparei com o Prior. Vão.

MARIA — Minha mãe! (*Abraçando-a.*) Então, se chorais assim, não vou.

MANUEL — Nem eu, Madalena. Ora pois! Eu nunca te vi assim.

MADALENA — Porque nunca assim estive... Vão, vão... adeus! Adeus, esposo do meu coração! Maria, minha filha, toma sentido no ar, não te resfries. E o sol... não saias debaixo do toldo no bergantim. Telmo, não te tires de ao pé dela. Dá-me outro abraço, filha. Doroteia, levais tudo? (*Examina uma bolsa grande de damasco que Doroteia leva no braço.*) Pode haver qualquer coisa, molhar-se, ter frio para a tarde... (*Tendo examinado a bolsa.*) Vai tudo: bem! (*Baixo a Doroteia:*) Não me apartes os olhos dela, Doroteia. Ouve. (*Fala baixo a Doroteia que lhe responde baixo também; depois diz alto.*) Está bem.

MANUEL — Não tenhas cuidado; vamos todos com ela. (*Abraçam-se outra vez; Maria sai apressadamente, e para a mãe não ver que vai sufocada com choro.*)

CENA VIII

MANUEL DE SOUSA, MADALENA e JORGE

MADALENA (*seguindo com os olhos a filha, e respondendo a Manuel de Sousa*) — Cuidados!... eu não tenho já cuidados. Tenho este medo, este horror de ficar só... de vir a achar-me só no mundo.

MANUEL — Madalena!

MADALENA — Que queres? Não está na minha mão. Mas tu tens razão de te enfadar com as minhas impertinências. Não falemos mais nisso. Vai. Adeus! Outro abraço. Adeus.

MANUEL — Oh! Querida mulher minha, parece que vou eu agora embarcar num galeão para a Índia... Ora vamos: ao anoitecer, antes da noite, aqui estou. E Jesus!... Olha a condessa de Vimioso, esta Joana de Castro que a nossa Maria tanto deseja conhecer[14]... olha se ela faria esses prantos quando disse o último adeus ao marido.

MADALENA — Bendita ela seja! Deu-lhe Deus muita força, muita virtude. Mas não lha invejo, não sou capaz de chegar a essas perfeições.

JORGE — É perfeição verdadeira; é a do Evangelho: "Deixa tudo e segue-me".

MADALENA — Vivos ambos... sem ofensa um do outro, estimando-se... e separar-se cada um para a sua cova! Verem-se com a mortalha já vestida e... vivos, sãos... depois de tantos anos de amor... e convivência... condenarem-se a morrer longe um do outro, sós, sós! E quem sabe se nessa tremenda hora... arrependidos!

JORGE — Não o permitirá Deus assim... oh, não. Que horrível coisa seria!

MANUEL — Não permite, não. Mas não pensemos mais neles: estão entregues a Deus... (*Pausa.*) E que temos nós com isso? A nossa situação é tão diferente... (*Pausa.*) Em todas nos pode Ele abençoar. Adeus, Madalena, adeus! até logo. Maria já lá vai no cais a esta hora... adeus! Jorge, não a deixes. (*Abraçam-se; Madalena vai até fora da porta com ele.*)

---

[14] É altamente interessante ver como o mesmo Luís de Sousa narrou depois a história desta separação, que fora o exemplar da sua.
V. *Hist. de S. Dom.*, p. III, Cap. XV.

CENA IX

JORGE (*só*) — Eu faço por estar alegre, e queria vê-los contentes a eles... mas não sei já que diga do estado em que vejo minha cunhada, a filha... Até meu irmão o desconheço! A todos parece que o coração lhes adivinha desgraça... E eu quase que também já se me pega o mal. Deus seja conosco!

CENA X

JORGE e MADALENA

MADALENA (*falando ao bastidor:*) — Vai, ouves, Miranda? Vai e deixa-te lá estar até veres chegar o bergantim; e quando desembarcarem, vem-me dizer para eu ficar descansada. (*Vem para a cena.*) Não há vento, e o dia está lindo. Ao menos não tenho sustos com a viagem. Mas a volta... quem sabe? o tempo muda tão depressa...

JORGE — Não, hoje não tem perigo.

MADALENA — Hoje... hoje! Pois hoje é o dia da minha vida que mais tenho receado... que ainda temo que não acabe sem muito grande desgraça... É um dia fatal para mim: faz hoje anos que... que casei a primeira vez, faz anos que se perdeu el-rei D. Sebastião, e faz anos também que... vi pela primeira vez a Manuel de Sousa.

JORGE — Pois contais essa entre as infelicidades da vossa vida?

MADALENA — Conto. Este amor, que hoje está santificado e bendito no céu, porque Manuel de Sousa é meu marido, começou com um crime, porque eu amei-o assim que o vi... e quando o vi, hoje, hoje... foi em tal dia como hoje, D. João de Portugal ainda era vivo. O pecado estava-me no coração; a boca não o disse... os olhos não sei o que fizeram, mas dentro d'alma eu já não tinha outra imagem senão a do amante... já não guardava a meu marido, a meu bom... a meu generoso marido... senão a grosseira fidelidade que uma mulher bem nascida quase que mais deve a si do que ao esposo. Permitiu Deus... quem sabe se para me tentar?... que naquela funesta batalha de Alcácer, entre tantos, ficasse também D. João...

CENA XI

MADALENA, JORGE e MIRANDA

MIRANDA (*apressado*) — Senhora... minha Senhora!

MADALENA (*sobressaltada*) — Quem vos chamou, que quereis? Ah! és tu, Miranda. Como assim! já chegaram?... Não pode ser.

MIRANDA — Não, minha Senhora: ainda agora irão passando o pontal. Mas não é isso...

MADALENA — Então que é? Não vos disse eu que não viésseis dali antes de os ver chegar?

MIRANDA — Para lá torno já, minha Senhora: há tempo de sobejo. Mas venho trazer-vos recado... um estranho recado, por minha fé.

MADALENA — Dizei já, que me estais a assustar.

MIRANDA — Para tanto não é, nem coisa séria, antes quase para rir. É um pobre velho peregrino, um destes romeiros que aqui estão sempre a passar, que vêm das bandas de Espanha...

MADALENA — Um cativo... um remido?

MIRANDA — Não, Senhora, não traz a cruz[15], nem é; é um romeiro, algum destes que vão a Santiago; mas diz ele que vem de Roma e dos Santos Lugares.

---

[15] Os remidos traziam um escapulário branco com a cruz da ordem das Mercês ou da Redenção, que entre nós se chamou da Trindade. São freqüentes nos nossos escritores as descrições da solene procissão em que davam como a sua entrada pública no seio da cristandade a que eram restituídos os cativos. Com aquele sinal, que a todos inspirava respeito e simpatia, esmolavam depois pelas terras e muitos ajuntaram quantias avultadas.

MADALENA — Pois, coitado! Virá. Agasalhai-o; e dêem-lhe o que precisar.

MIRANDA — É que ele diz que vem da Terra Santa, e...

MADALENA — E por que não virá? Ide, ide, e fazei-o acomodar já. É velho?

MIRANDA — Muito velho, e com umas barbas!... Nunca vi tão formosas barbas de velho, e tão alvas. Mas, Senhora, diz ele que vem da Palestina e que vos traz recado...

MADALENA — A mim?!

MIRANDA — A vós; e que por força vos há de ver e falar.

MADALENA — Ide vê-lo, Frei Jorge. Engano há de ser; mas ide ver o pobre do velho.

MIRANDA — É escusado, minha Senhora: o recado que traz, diz que a outrem o não dará senão a vós, e que muito vos importa sabê-lo.

JORGE — Eu sei o que é: alguma relíquia dos Santos Lugares, se ele com efeito de lá vem, que o bom do velho vos quer dar... como tais coisas se dão a pessoas da vossa qualidade... a troco de uma esmola avultada. E o que ele há de querer: é o costume.

MADALENA — Pois venha embora o romeiro! E trazei-mo aqui, trazei.

CENA XII

MADALENA e JORGE

JORGE — Que é preciso muita cautela com estes peregrinos! A vieira no chapéu e o bordão na mão, às vezes não são mais que negaças para armar à caridade dos fiéis. E nestes tempos revoltos...

CENA XIII

MADALENA, JORGE e MIRANDA (*que volta com o Romeiro*)

MIRANDA (*da porta*) — Aqui está o romeiro.

MADALENA — Que entre. E vós, Miranda, tornai para onde vos mandei; ide já, e fazei como vos disse.

JORGE (*chegando à porta da direita*) — Entrai, irmão, entrai. (*O romeiro entra devagar.*) Esta é a Senhora D. Madalena de Vilhena. É esta a fidalga a quem desejais falar?

ROMEIRO — A mesma. (*A um sinal de Frei Jorge, Miranda retira-se.*)

CENA XIV

MADALENA, JORGE e ROMEIRO

JORGE — Sois português?

ROMEIRO — Como os melhores, espero em Deus.

JORGE — E vindes?...

ROMEIRO — Do Santo Sepulcro de Jesus Cristo.

JORGE — E visitastes todos os Santos Lugares?

ROMEIRO — Não os visitei; morei lá vinte anos cumpridos.

MADALENA — Santa vida levastes, bom romeiro.

ROMEIRO — Oxalá! Padeci muita fome, e não a sofri com paciência; deram-me muitos tratos, e nem sempre os levei com os olhos n'Aquele que ali tinha padecido tanto por mim... Queria rezar e meditar nos mistérios da Sagrada Paixão que ali se obrou... e as paixões mundanas, e as lembranças dos que se chamavam meus segundo a carne, travavam-me do coração e do espírito, que os não deixavam estar com Deus, nem naquela terra que é toda sua. Oh! eu não merecia estar onde estive: bem vedes que não soube morrer lá.

JORGE — Pois bem: Deus quis trazer-vos à terra de vossos pais; e quando for sua vontade, ireis morrer sossegado nos braços de vossos filhos.

ROMEIRO — Eu não tenho filhos, padre.

JORGE — No seio da vossa família...

ROMEIRO — A minha família... Já não tenho família.

MADALENA — Sempre há parentes, amigos...

ROMEIRO — Parentes!... Os mais chegados, os que eu me importava achar... contaram com a minha morte, fizeram a sua felicidade com ela: hão de jurar que me não conhecem.

MADALENA — Haverá tão má gente... e tão vil que tal faça?

ROMEIRO — Necessidade pode muito. Deus lho perdoará, se puder!

MADALENA — Não façais juízos temerários, bom romeiro.

ROMEIRO — Não faço. De parentes, já sei mais ao que queria. Amigos, tenho um; com esse, conto.

JORGE — Já não sois tão infeliz.

MADALENA — E o que eu puder fazer-vos, todo o amparo e gasalhado que puder dar-vos, contai comigo, bom velho, e com meu marido, que há de folgar de vos proteger...

ROMEIRO — Eu já vos pedi alguma coisa, Senhora?

MADALENA — Pois perdoai, se vos ofendi, amigo.

ROMEIRO — Não há ofensa verdadeira senão as que se fazem a Deus. Pedi-lhe vós perdão a Ele, que não vos faltará de quê.

MADALENA — Não, irmão, não decerto. E Ele terá compaixão de mim.

ROMEIRO — Terá...

JORGE (*cortando a conversação*) — Bom velho, dissestes trazer um recado a esta dama: dai-lho que havereis mister de ir descansar...

ROMEIRO (*sorrindo amargamente*) — Quereis lembrar-me que estou abusando da paciência com que me têm ouvido? Fizestes bem, padre; eu ia-me esquecendo... talvez me esquecesse de todo da mensagem a que vim... Estou tão velho e mudado do que fui!

MADALENA — Deixai, deixai, não importa, eu folgo de vos ouvir: dir-me-eis vosso recado quando quiserdes... logo, amanhã...

ROMEIRO — Hoje há de ser. Há três dias que não durmo nem descanso, nem pousei esta cabeça, nem pararam estes pés dia nem noite, para chegar aqui hoje, para vos dar meu recado... e morrer depois... ainda que morresse depois; porque jurei... faz hoje um ano... quando me libertaram, dei juramento sobre a pedra santa do Sepulcro de Cristo...

MADALENA — Pois éreis cativo em Jerusalém?

ROMEIRO — Era: não vos disse que vivi lá vinte anos?

MADALENA — Sim, mas...

ROMEIRO — Mas o juramento que dei foi que, antes de um ano cumprido, estaria diante de vós e vos diria da parte de quem me mandou...

MADALENA (*aterrada*) — E quem vos mandou, homem?

ROMEIRO — Um homem foi, e um honrado homem... a quem

unicamente devi a liberdade... a *ninguém* mais. Jurei fazer-lhe a vontade, e vim.

MADALENA — Como se chama?

ROMEIRO — O seu nome, nem o da sua gente nunca o disse a ninguém no cativeiro.

MADALENA — Mas enfim, dizei vós...

ROMEIRO — As suas palavras, trago-as escritas no coração com as lágrimas de sangue que lhe vi chorar, que muitas vezes me caíram nestas mãos, que me correram por estas faces. Ninguém o consolava senão eu... e Deus! Vede se me esqueceriam as suas palavras.

JORGE — Homem, acabai.

ROMEIRO — Agora acabo; sofri que ele também sofreu muito. Aqui estão as suas palavras: "Ide a D. Madalena de Vilhena, e dizei-lhe que um homem que muito bem lhe quis... aqui está vivo... por seu mal... e daqui não pôde sair nem mandar-lhe novas suas de há vinte anos que o trouxeram cativo".

MADALENA (*na maior ansiedade*) — Deus tenha misericórdia de mim! E esse homem, esse homem... Jesus! Esse homem era... esse homem tinha sido... levaram-no aí de donde?... de África?

ROMEIRO — Levaram.

MADALENA — Cativo?...

ROMEIRO — Sim.

MADALENA — Português?... Cativo da batalha de?...

ROMEIRO — De Alcácer-Quibir.

MADALENA (*espavorida*) — Meu Deus, meu Deus! Que se não abre a terra debaixo dos meus pés?... Que não caem estas paredes, que me não sepultam já aqui?...

JORGE — Calai-vos, D. Madalena! A misericórdia de Deus é infinita. Esperai. Eu duvido, eu não creio... estas não são coisas para se crerem de leve. (*Reflete, e logo como por uma idéia que lhe acudiu de repente.*) Oh! inspiração divina... (*Chegando ao Romeiro.*) Conheceis bem esse homem, romeiro, não é assim?

ROMEIRO — Como a mim mesmo.

JORGE — Se o víreis... ainda que fora noutros trajes... com menos anos, pintado, digamos, conhecê-lo-eis?

ROMEIRO — Como se me visse a mim mesmo num espelho.

JORGE — Procurai nestes retratos, e dizei-me se algum deles pode ser.

ROMEIRO (*sem procurar, e apontando logo para o retrato de D. João*) — É aquele.

MADALENA (*com um grito espantoso*) — Minha filha, minha filha, minha filha!... (*Em tom cavo e profundo.*) Estou... estás... perdidas, desonradas... infames! (*Com outro grito de coração.*) Oh! Minha filha, minha filha!... (*Foge espavorida e neste gritar.*)

CENA XV

JORGE e o ROMEIRO (*que seguiu Madalena com os olhos, e está alçado no meio da casa com aspecto severo e tremendo*)

JORGE — Romeiro, romeiro! Quem és tu?

ROMEIRO (*apontando com o bordão para o retrato de D. João de Portugal*) — Ninguém. (*Frei Jorge cai prostrado no chão, com os braços estendidos diante da tribuna. O pano desce lentamente.*)

Ato terceiro

Parte baixa do palácio de D. João de Portugal, comunicando, pela porta à esquerda do espectador, com a capela da Senhora da Piedade na igreja de São Paulo dos Dominicos de Almada; é um casarão vasto sem ornato algum. Arrumadas às paredes, em diversos pontos, escadas, tocheiras, cruzes, ciriais e outras alfaias e guisamentos de igreja de uso conhecido. A um lado um esquife dos que usam as confrarias; do outro uma grande cruz negra de tábua com o letreiro J. N. R. J., e toalha pendente, como se usa nas cerimônias da Semana Santa. Mais para a cena uma banca velha com dois ou três tamboretes; a um lado uma tocheira baixa com tocha acesa e já bastante gasta; sobre a mesa um castiçal de chumbo, de credência, baixo e com vela acesa também, e um hábito completo de religioso dominico, túnica, escapulário, rosário, cinto etc. No fundo, porta que dá para as oficinas e aposentos que ocupam o resto dos baixos do palácio. É alta noite.

CENA I

MANUEL DE SOUSA (*Sentado num tamborete, ao pé da mesa, o rosto inclinado sobre o peito, os braços caídos e em completa prostração de espírito e de corpo; num tamborete do outro lado Jorge, meio encostado para a mesa, com as mãos postas, e os olhos pregados no irmão.*)

MANUEL — Oh! minha filha, minha filha! (*Silêncio longo.*) Desgraçada filha, que ficas órfã!... órfã de pai e mãe... (*Pausa.*) E de família e de nome, que tudo perdeste hoje... (*Levanta-se com violenta aflição.*) A desgraçada nunca os teve. Ó Jorge, que esta lembrança é que me mata, que me desespera! (*Apertando a mão do irmão, que se levantou após ele e o está consolando do gesto.*) É o castigo terrível do meu erro... se foi erro... crime sei que não foi. E sabe-o Deus, Jorge, e castigou-me assim, meu irmão.

JORGE — Paciência, paciência: os seus juízos são imperscrutáveis. (*Acalma e faz sentar o irmão; tornam a ficar ambos como estavam.*)

MANUEL — Mas eu em que mereci ser feito o homem mais infeliz da terra, posto de alvo à irrisão e ao discursar do vulgo? Manuel de Sousa Coutinho, filho de Lopo de Sousa Coutinho, o filho de nosso pai, Jorge!

JORGE — Tu chamas-te o homem mais infeliz da terra... Já te esqueceste, que ainda está vivo aquele...

MANUEL (*caindo em si*) — É verdade. (*Pausa; e depois, como quem se desdiz.*) Mas não é, nem tanto: padeceu mais, padeceu mais longamente, e bebeu até às fezes o cálice das amarguras humanas... (*Levantando a voz.*) Mas fui eu, eu que lho preparei, eu que lho dei a beber, pelas mãos... inocentes mãos!... dessa infeliz que arrastei na minha queda, que lancei nesse abismo de vergonha, a quem cobri as faces — as faces puras da virtude e do recato... cobri-lhas de um véu de infâmia que nem a morte há de levantar, porque lhe fica, perpétuo e para sempre, lançado sobre o túmulo a cobrir-lhe a memória de sombras... de manchas que se não lavam! Fui eu o autor de tudo isto, o autor da minha desgraça e da sua desonra deles... Sei-o, conheço-o; e não sou mais infeliz que nenhum?

JORGE — Vê a palavra que disseste: "desonra"; lembra-te dela e de ti, e considera se podes pleitear misérias com esse homem a quem Deus não quis acudir com a morte antes de conhecer essa outra agonia maior. Ele não tem...

MANUEL — Ele não tem uma filha como eu, desgraçado... (*Pausa.*) Uma filha bela, pura, adorada, sobre cuja cabeça — oh, por que não é na minha! — vai cair toda essa desonra, toda a ignomínia, todo o opróbrio que a injustiça do mundo, não sei por quê, me não quer lançar no rosto a mim, para pôr tudo na testa branca e pura de um anjo, que não tem outra culpa senão a da origem que eu lhe dei.

JORGE — Não é assim, meu irmão, não te cegues com a dor,

não te faças mais infeliz do que és. Já não és pouco, meu pobre Manuel, meu querido irmão! E Deus há de levar em conta essas amarguras. Já que te não pode apartar o cálice dos beiços, o que tu padeces, há de ser descontado nela, há de resgatar a culpa.

MANUEL — Resgate! sim para o Céu: nesse confio eu... mas o mundo?...

JORGE — Deixa o mundo e as suas vaidades.

MANUEL — Estão deixadas todas. Mas este coração é de carne.

JORGE — Deus, Deus será o pai de tua filha.

MANUEL — Olha, Jorge: queres que te diga o que eu sei decerto, e que devia ser consolação... mas não é, que eu sou homem, não sou anjo, meu irmão — devia ser consolação, e é desespero, é a coroa de espinhos de toda esta paixão que estou passando... É que a minha filha... Maria... a filha do meu amor, a filha do meu pecado, se Deus quer que seja pecado, não vive, não resiste, não sobrevive a esta afronta. (*Desata a soluçar, cai com os cotovelos fixos na mesa e as mãos apertadas no rosto; fica nesta posição por longo tempo. Ouve-se de quando em quando um soluço comprimido. Frei Jorge está em pé, detrás dele, amparando-o com o seu corpo, e os olhos postos no céu.*)

JORGE (*chamando timidamente*) — Manuel!

MANUEL — Que me queres, irmão?

JORGE (*animando-o*) — Ela não está tão mal; já lá estive hoje...

MANUEL — Estiveste?... Oh! conta-me, conta-me; eu não tenho... não tive ainda ânimo de a ir ver.

JORGE — Haverá duas horas que entrei na sua câmara, e estive perto do leito. Dormia, e mais sossegada da respiração. O acesso de febre, que a tomou quando chegamos de Lisboa e que viu a mãe naquele estado, parecia declinar... quebrar-se mais alguma cousa.

Dorotéia e Telmo... pobre velho, coitado!... estavam perto dela, cada um de seu lado... Disseram-me que não tinha tornado a... a...

MANUEL — A lançar sangue?... Se ela deitou o do coração!... Não tem mais. Naquele corpo tão franzino, tão delgado, que mais sangue há de haver? Quando ontem a arranquei de perto da mãe e a levava nos braços, não mo lançou todo às golfadas aqui no peito? (*Mostra um lenço branco todo manchado de sangue.*) Não o tenho aqui... o sangue... o sangue da minha vítima?... Que é o sangue das minhas veias... que é o sangue da minha alma, é o sangue da minha querida filha! (*Beija o lenço muitas vezes.*) Oh, meu Deus, meu Deus! Eu queria pedir-te que a levasses já... e não tenho ânimo. Eu devia aceitar por mercê de tuas misericórdias que chamasses aquele anjo para junto dos seus, antes que o mundo, este mundo infame e sem comiseração, lhe cuspisse na cara com a desgraça do seu nascimento. Devia, devia... e não posso, não quero, não sei, não tenho ânimo, não tenho coração. Peço-te vida, meu Deus (*ajoelha e põe as mãos*), peço-te vida, vida, vida... para ela, vida para a minha filha!... Saúde, vida para a minha querida filha!... E morra eu de vergonha, se é preciso; cubra-me o escárnio do mundo, desonre-me o opróbrio dos homens, tape-me a sepultura uma lousa de ignomínia, um epitáfio que fique a bradar por essas eras desonra e infâmia sobre mim!... Oh meu Deus, meu Deus! (*Cai de bruços no chão... Passado algum tempo, Frei Jorge se chega para ele, levanta-o quase a peso, e o torna a assentar.*)

JORGE — Manuel, meu bom Manuel, Deus sabe melhor o que nos convém a todos. Põe nas suas mãos esse pobre coração, põe-no resignado e contrito, meu irmão, e Ele fará o que em sua misericórdia sabe que é melhor.

MANUEL (*com veemência e medo*) — Então desenganas-me... desenganas-me e já... é isso que queres dizer? Fala, homem: não há que esperar?... não há que esperar dali, não é assim? Dize: morre, morre?... (*Desanimado.*) Também fico sem filha!

JORGE — Não disse tal. Por caridade contigo, meu irmão, não imagines tal. Eu disse-te a verdade: Maria pareceu-me menos oprimida; dormia...

MANUEL (*variando*) — Se Deus quisera que não acordasse!

JORGE — Valha-me Deus!

MANUEL — Para mim aqui está esta mortalha (*tocando no hábito*): morri hoje... vou amortalhar-me logo; e adeus tudo o que era mundo para mim! Mas minha filha não era do mundo... não era, Jorge; tu bem sabes que não era; foi um anjo que veio do céu para me acompanhar na peregrinação da terra, e que me apontava sempre, a cada passo da vida, para a eterna pousada donde viera e onde me conduzia... Separou-nos o arcanjo das desgraças, o ministro das iras do Senhor, que derramou sobre mim o vaso cheio das lágrimas, e a taça rasa das amarguras ardentes de sua cólera... (*Caindo de tom.*) Vou com esta mortalha para a sepultura... e, viva ou morta, cá deixo a minha filha no meio dos homens que a não conheceram, que a não hão de conhecer nunca, porque ela não era deste mundo nem para ele... (*Pausa.*) Torna lá, Jorge, vai vê-la outra vez, vai e vem-me dizer; que eu ainda não posso... mas hei de ir, oh! hei de ir vê-la e beijá-la antes de descer à cova... Tu não queres, não podes querer...

JORGE — Havemos de ir... quando estiveres mais sossegado... havemos de ir ambos. Descansa, hás de vê-la. Mas isto ainda é cedo.

MANUEL — Que horas serão?

JORGE — Quatro, quatro e meia. (*Vai à porta da esquerda e volta.*) São cinco horas, pelo alvor da manhã que já dá nos vidros da igreja. Daqui a pouco iremos, mas sossega.

MANUEL — E a outra... a outra desgraçada, meu irmão?

JORGE — Está — imagina por ti —, está como não podia deixar de estar, mas a confiança em Deus pode muito: vai-se conformando. O Senhor fará o resto. Eu tenho fé neste escapulário (*tocando no hábito em cima da mesa*) para ti e para ela. Foi uma resolução digna de vós, foi uma inspiração divina que os alumiou a ambos. Deixa estar; ainda pode haver dias felizes para quem soube consagrar a Deus as suas desgraças.

MANUEL — E isto está tudo pronto? Eu não sofro nestes hábitos, eu não aturo, com estes vestidos de vivo, a luz desse dia que vem a nascer.

JORGE — Está tudo concluído. O arcebispo mostrou-se bom e piedoso prelado nesta ocasião; e é um santo homem, é. O arcebispo já expediu todas as licenças e mais papéis necessários. Coitado! O pobre do velho velou quase toda a noite com o seu vigário para que não faltasse nada desde o romper do dia. Mandou-se ao provincial, e pela sua parte e pela nossa tudo está corrente. Frei João de Portugal, que é o Prior de Benfica, e também vigário do Sacramento[1], sabes, chegou haverá duas horas, noite fechada ainda, e cá está: é quem te há de lançar o hábito, a ti e a Dona... a minha irmã. Depois ireis, segundo vosso desejo, um para Benfica, outro para o Sacramento.

MANUEL — Tu és um bom irmão, Jorge. (*Aperta-lhe a mão.*) Deus to há de pagar. (*Pausa.*) Eu não me atrevo... tenho repugnância... mas é forçoso perguntar-te por alguém mais. Onde está ele... e o que fará!...

JORGE — Bem sei, não digas mais: o romeiro. Está na minha cela, e de lá não há de sair — que foi ajustado entre nós —, senão quando... quando eu lho disser. Descansa: não verá ninguém, nem será visto de nenhum daqueles que o não devem ver. Demais, o segredo de seu nome verdadeiro está entre mim e ti[2] — além do arcebispo, a quem foi indispensável comunicá-lo para evitar todas as formalidades e delongas que aliás havia de haver numa separação desta ordem. Ainda há outra pessoa com quem lhe prometi — não

---

[1] "Frei João de Portugal foi Prior de Benfica, vigário do convento do Sacramento, inquisidor da mesa grande, e ultimamente Bispo de Viseu de 1625 até 1629 em que acabou uma carreira de bom exemplo."
Memór. do S. Bispo de Viseu; V. *Frei. Luc. de S. Cat.*, p. IV, l. I; *Coleção dos Doc.*, da Acad. R. de Hist., etc.

[2] Seja verdadeira ou não a história da aparição do peregrino em casa de D. Madalena, ela foi geralmente acreditada até às judiciosas dúvidas do Sr. Bispo de Viseu, que não passam de dúvidas contudo. Fazer do peregrino o próprio D. João de Portugal, foi suposição poética, todavia bem provável e possível, e que mais facilmente explicaria todas as circunstâncias misteriosas daquela aparição e das suas consequências.

pude deixar de prometer, porque sem isso não queria ele entrar em acordo algum —, com quem lhe prometi que havia de falar hoje e antes de mais nada.

MANUEL — Quem? Será possível?... Pois esse homem quer ter a crueldade de rasgar, fevra a fevra, os pedaços daquele coração já partido? Não tem entranhas esse homem: sempre assim foi, duro, desapiedado como a sua espada. É D. Madalena que ele quer ver?...

JORGE — Não, homem; é o seu aio velho, é Telmo Pais. Como lho havia de eu recusar!

MANUEL — De nenhum modo: fizeste bem; eu é que sou injusto. Mas o que eu padeço é tanto e tal... Vamos; eu ainda me não entendo bem claro com esta desgraça. Dize-me, fala-me a verdade: minha mulher... minha mulher! Com que boca pronuncio eu ainda estas palavras! D. Madalena o que sabe?

JORGE — O que lhe disse o romeiro naquela fatal sala dos retratos... o que já te contei. Sabe que D. João está vivo, mas não sabe aonde; supõe-no na Palestina, talvez; é onde o deve supor pelas palavras que ouviu.

MANUEL — Então não conhece, como eu, toda a extensão, toda a indubitável verdade da nossa desgraça. Ainda bem! talvez possa duvidar, consolar-se com alguma esperança de incerteza.

JORGE — Ontem de tarde não; mas esta noite começava a raiar-lhe no espírito alguma falsa luz dessa vã esperança. Deus lha deixe, se é para bem seu.

MANUEL — Por que não há de deixar? Não é já desgraçada bastante? E Maria, a pobre Maria!... Essa confio no Senhor que não saiba, ao menos por ora...

JORGE — Não sabe. E ninguém lho disse, nem dirá. Não sabe senão o que viu: a mãe quase nas agonias da morte. Mas o motivo, só se ela o adivinhar. Tenho medo que o faça...

MANUEL — Também eu.

JORGE — Deus será conosco e com ela! Mas não: Telmo não lhe diz nada por certo; eu já lhe asseverei — e acreditou-me — que a mãe estava melhor, que tu ias logo vê-la... E assim espero que, até lá por meio do dia, a possamos conservar em completa ignorância de tudo. Depois ir-se-lhe-á dizendo, pouco a pouco, até onde for inevitável. E Deus.... Deus acudirá.

MANUEL — Minha pobre filha, minha querida filha!

CENA II

JORGE, MANUEL DE SOUSA e TELMO

TELMO (*batendo de fora à porta do fundo*) — Acordou.

MANUEL (*sobressaltado*) — É a voz de Telmo.

JORGE — É. (*Indo abrir a porta.*) Entrai, Telmo.

TELMO — Acordou.

JORGE — E como está?

TELMO — Melhor, muito melhor, parece outra. Está muito abatida, isso sim; muito fraca, a voz lenta, mas os olhos serenos, animados como dantes e sem aquele fuzilar de ontem. Perguntou por vós... ambos.

MANUEL — E pela mãe?

TELMO — Não; nunca mais falou nela.

MANUEL — Oh, filha, filha!...

JORGE — Iremos vê-la. (*Pega na mão do irmão.*) Tu prometes-me?

MANUEL — Prometo.

JORGE — Vamos. (*Chamando a Telmo para a boca da cena.*) Ouvi, Telmo: lembrai-vos do que vos disse esta manhã?

TELMO — Não me hei de lembrar?

JORGE — Ficai aqui. Em nós saindo, puxai aquela corda que vai dar à sineta da sacristia; virá um irmão converso; dizei-lhe o vosso nome, ele ir-se-á sem mais palavra, e vós esperai. Fechai logo esta porta por dentro, e não abrais senão à minha voz. Entendestes?

TELMO — Ide descansado.

CENA III

TELMO, depois o IRMÃO CONVERSO

TELMO (*vai para deitar a mão à corda, pára suspenso algum tempo, e depois:*) — Vamos: isto há de ser. (*Ouve-se tocar longe uma sineta: Telmo fica pensativo e com o braço levantado e imóvel.*)

CONVERSO — Quem sois?

TELMO (*estremecendo*) — Telmo Pais. (*O Converso faz vénia e vai-se.*)

CENA IV

TELMO (*só*) — Virou-se-me a alma toda com isto: não sou já o mesmo homem. Tinha um pressentimento do que havia de acontecer... parecia-me que não podia deixar de suceder... e cuidei que o desejava enquanto não veio. Veio, e fiquei mais aterrado, mais confuso que ninguém! Meu honrado amo, o filho do meu nobre senhor está vivo... o filho que eu criei nestes braços... vou saber novas certas dele, no fim de vinte anos de o julgarem todos perdido; e eu, eu que sempre esperei, que sempre suspirei pela sua vinda... era um milagre que eu esperava sem o crer! Eu agora tremo... É que o amor desta outra filha, desta última filha, é maior, e venceu... venceu, apagou o outro. Perdoe-me Deus, se é pecado. Mas que pecado há de haver com aquele anjo? Se ela me viverá, se escapará desta crise terrível! Meu Deus, meu Deus! (*Ajoelha.*) Levai o velho que já não presta para nada, levai-o por quem sois! (*Aparece o romeiro à porta da esquerda, e vem lentamente aproximando-se de Telmo que não dá por ele.*) Contentai-vos com este pobre sacrifício da minha vida, Senhor, e não me tomeis dos braços o inocentinho que eu criei para vós, Senhor, para vós... mas ainda não, não mo leveis ainda. Já padeceu muito, já traspassaram bastantes dores aquela alma; esperai-lhe com a da morte algum tempo!...

CENA V

TELMO e o ROMEIRO

ROMEIRO — Que não ouça Deus o teu rogo!

TELMO (*sobressaltado*) — Que voz! Ah! é o romeiro. Que me não ouça Deus! Por quê?

ROMEIRO — Não pedias tu por teu desgraçado amo, pelo filho que criaste?

TELMO (*à parte*) — Já não sei pedir senão pela outra. (*Alto.*) E que pedisse por ele, ou por outrem, por quem não há de ouvir Deus se lhe peço a vida de um inocente?

ROMEIRO — E quem te disse que ele o era?

TELMO — Esta voz... esta voz! Romeiro, quem és tu?

ROMEIRO (*tirando o chapéu e levantando o cabelo dos olhos*) — Ninguém, Telmo; ninguém, se nem já tu me conheces.

TELMO (*deitando-se-lhe às mãos para lhas beijar*) — Meu Amo, meu Senhor... sois vós? Sois, sois. D. João de Portugal, oh, sois vós, Senhor?

ROMEIRO — Teu filho já não?

TELMO — Meu filho!... Oh! é o meu filho todo; a voz, o rosto... Só estas barbas, este cabelo não... Mais branco já que o meu, Senhor!

ROMEIRO — São vinte anos de cativeiro e miséria, de saudades, de ânsias que por aqui passaram. Para a cabeça bastou uma noite como a que veio depois da batalha de Alcácer[3]; a barba, acabaram de a curar o sol da Palestina e as águas do Jordão.

TELMO — Por tão longe andastes?

ROMEIRO — E por tão longe eu morrera! Mas não quis Deus assim.

TELMO — Seja feita a sua vontade.

ROMEIRO — Pesa-te?

TELMO — Oh, Senhor!

ROMEIRO — Pesa-te?

TELMO — Há de me pesar da vossa vida? (*À parte.*) Meu Deus, parece-me que menti...

ROMEIRO — E por que não, se já me pesa a mim dela, se tanto me pesa ela a mim? Amigo, ouve... Tu és meu amigo?

TELMO — Não sou?

ROMEIRO — És, bem sei. E contudo, vinte anos de ausência e

---

[3] Há muitos exemplos de encanecerem gentes de repente por grandes medos ou desgostos. São justamente celebrados os versos de Lorde Byron que se referem a este notável fenômeno, no *Prisioneiro de Chillon*.

My hair is gray, but not with years,
Nor grew it white
in a single night.
As men's have grown from sudden fears.

de conversação de novos amigos, fazem esquecer tanto os velhos!... Mas tu és meu amigo? E se tu o não foras, quem o seria?

TELMO — Senhor!

ROMEIRO — Eu não quis acabar com isto, não quis pôr em efeito a minha última resolução sem falar contigo, sem ouvir da tua boca...

TELMO — O que quereis que vos diga, Senhor? Eu...

ROMEIRO — Tu, bem sei que duvidaste sempre da minha morte, que não quiseste ceder a nenhuma evidência; não me admirou de ti, meu Telmo, mas também não posso — Deus me ouve —, não posso criminar ninguém por que o acreditasse: as provas eram de convencer todo o ânimo; só lhe podia resistir o coração. E aqui... coração que fosse meu... não havia outro.

TELMO — Sois injusto.

ROMEIRO — Bem o sei que queres dizer. E é verdade isso? É verdade que por toda a parte me procuraram, que por toda a parte... ela mandou mensageiros, dinheiro?

TELMO — Como é certo estar Deus no Céu, como é verdade ser aquela a mais honrada e virtuosa dama que tem Portugal.

ROMEIRO — Basta: vai dizer-lhe que o peregrino era um impostor, que desapareceu, que ninguém mais houve novas dele; que tudo isto foi vil e grosseiro embuste dos inimigos de... dos inimigos desse homem[4] que ela ama... E que sossegue, que seja feliz. Telmo, adeus!

---

[4] Talvez assim fosse, com efeito. Nem o padre Encarnação, nem nenhum dos outros que referem a história do peregrino, dizem o que foi feito dele: e a explicação mais plausível que a tão estranho sucesso achou o bom do padre, foi que seria talvez um anjo mandado por Deus para chamar aquelas duas almas ao Céu, pelo caminho do claustro. É quase uma saída dramática, das que tanto incorreram na censura de Horácio: *nec Deus ex machina*.

TELMO — E eu hei de mentir, Senhor, eu hei de renegar de vós, como ruim vilão que não sou?

ROMEIRO — Hás porque eu te mando.

TELMO (*em grande ansiedade*) — Senhor, Senhor, não tenteis a fidelidade do vosso servo. É que vós não sabeis... D. João, meu Senhor, meu Amo, meu filho, vós não sabeis...

ROMEIRO — O quê?

TELMO — Que há aqui um anjo... uma outra filha minha, Senhor, que eu também criei...

ROMEIRO — E a quem já queres mais que a mim; dize a verdade.

TELMO — Não mo pergunteis.

ROMEIRO — Nem é preciso. Assim devia de ser. Também tu! Tiraram-me tudo. (*Pausa.*) E têm um filho eles?... Eu não[5]... E mais, imagino... Oh, passaram hoje pior noite do que eu. Que lho leve Deus em conta e lhes perdoe como eu perdoei já. Telmo, vai fazer o que te mandei.

TELMO — Meu Deus, meu Deus! Que hei de eu fazer?

ROMEIRO — O que te ordena teu amo. Telmo, dá-me um abraço. (*Abraçam-se.*) Adeus, adeus, até...

TELMO — Até quando, Senhor?

---

[5] D. João de Portugal teve, de D. Madalena de Vilhena, os filhos que vão enumerados na nota 7 do primeiro ato. Não designando Telmo, o sexo do filho de Manuel de Sousa, fica natural e possível a reflexão de D. João aqui. Além disso, ao drama e à posição das suas pessoas, como o autor a concebeu, e ao interesse que ele queria concentrar todo nesta única filha de Manuel de Sousa, não convinha considerar por nenhum modo os filhos da primeira união de D. Madalena de Vilhena.

ROMEIRO — Até ao dia de juízo...

TELMO — Pois vós?...

ROMEIRO — Eu... Vai, saberás de mim quando for tempo. Agora é preciso remediar o mal feito. Fui imprudente, fui injusto, fui duro e cruel. E para quê? D. João de Portugal morreu no dia em que sua mulher disse que ele morrera. Sua mulher honrada e virtuosa, sua mulher que ele amava... Oh, Telmo, Telmo, com que amor a amava eu! Sua mulher que ele já não pode amar sem desonra e vergonha!... Na hora em que ela acreditou na minha morte, nessa hora morri. Com a mão que deu a outro riscou-me do número dos vivos. D. João de Portugal não há de desonrar a sua viúva. Não vai; dito por ti terá dobrada força: dize-lhe que falaste com o romeiro, que o examinaste, que o convenceste de falso e de impostor... dize o que quiseres, mas salva-a a ela da vergonha e ao meu nome da afronta. De mim já não há senão esse nome, ainda honrado; a memória dele que fique sem mancha. Está em tuas mãos, Telmo, entrego-te mais que a minha vida. Queres faltar-me agora?

TELMO — Não, meu Senhor, a resolução é nobre e digna de vós. Mas pode ela aproveitar ainda?

ROMEIRO — Por que não?

TELMO — Eu sei! Talvez...

CENA VI

ROMEIRO, TELMO e MADALENA
de fora, da porta do fundo

MADALENA — Esposo, esposo! Abri-me, por quem sois. Bem sei que aqui estais. Abri!

ROMEIRO — É ela que me chama. Santo Deus! Madalena que chama por mim...

TELMO — Por vós!?

ROMEIRO — Pois por quem?... Não lhe ouvis gritar: "esposo, esposo?"

MADALENA — Marido da minha alma, pelo nosso amor te peço, pelos doces nomes que me deste, pelas memórias da nossa felicidade antiga, pelas saudades de tanto amor e tanta ventura, oh! não me negues este último favor.

ROMEIRO — Que encanto, que sedução! Como lhe hei de resistir!?

MADALENA — Meu marido, meu amor, meu Manuel!

ROMEIRO — Ah!... E eu tão cego que já tomava para mim!... Céu e Inferno! abra-se esta porta... (*Investe para a porta com ímpeto; mas pára de repente.*) Não: o que é dito é dito. (*Vai precipitadamente à corda da sineta, toca com violência; aparece o mesmo irmão converso e a um sinal do Romeiro ambos desaparecem pela porta da esquerda.*)

CENA VII

TELMO, MADALENA; *depois* JORGE e MANUEL DE SOUSA

MADALENA (*ainda de fora*) — Jorge, meu irmão, Frei Jorge, vós estais aí, que eu bem sei; abri-me por caridade, deixai-me dizer uma única palavra a meu... a vosso irmão; e não vos importuno mais, e farei tudo o que de mim quereis, e... (*Ouve-se do mesmo lado ruído de passos apressados, e logo a voz de Frei Jorge.*)

JORGE (*de fora*) — Telmo, abri, se podeis... abri já.

TELMO (*abrindo a porta*) — Aqui estou eu só.

MADALENA (*entrando desgrenhada e fora de si, procurando, com os olhos, todos os recantos da casa*) — Estáveis aqui só, Telmo! E ele para onde foi?

TELMO — Ele quem, Senhora?

JORGE (*vindo à frente*) — Telmo estava aqui aguardando por mim, e com ordem de não abrir a ninguém enquanto eu não viesse.

MADALENA — Aqui havia duas vozes que falavam; distintamente as ouvi.

TELMO (*aterrado*) — Ouvistes?

MADALENA — Sim, ouvi. Onde está ele, Telmo, onde está meu marido... Manuel de Sousa?

MANUEL (*que tem estado no fundo, enquanto Madalena, sem o ver, se adiantara para a cena, vem agora, à frente*) — Esse homem está aqui, Senhora; que lhe quereis?

MADALENA — Oh, que ar, que tom, que modo esse com que me falas!...

MANUEL (*enternecendo-se*) — Madalena... (*Caindo em si e gravemente.*) Senhora, como quereis que vos fale, que quereis que vos diga? Não está tudo dito entre nós?

MADALENA — Tudo! Quem sabe? Eu parece-me que não. Olha, eu sei... mas não daríamos nós, com demasiada precipitação, uma fé tão cega, uma crença tão implícita a essas misteriosas palavras de um romeiro, um vagabundo... um homem enfim que ninguém conhece? Pois dize...

TELMO (*à parte a Jorge*) — Tenho que vos dizer, ouvi. (*Conversam ambos à parte.*)

MANUEL — Oh, Madalena, Madalena! Não tenho mais nada que te dizer. Crê-me, que to juro na presença de Deus: a nossa união, o nosso amor é impossível.

JORGE (*Continuando a conversação com Telmo, e levantando a voz com aspereza.*) — É impossível, já agora... sempre o devia ser.

MADALENA (*virando-se para Jorge*) — Também tu, Jorge!

JORGE (*virando-se para ela*) — Eu falava com Telmo, minha irmã. (*Para Telmo.*) Ide, Telmo, ide onde vos disse, que sois mais preciso lá. (*Fala-lhe ao ouvido; depois alto.*) Não ma deixes um instante, ao menos até passar a hora fatal. (*Telmo sai com repugnância, e rodeando para ver se chega perto de Madalena. Jorge, que o percebe, faz-lhe um sinal imperioso; ele recua, e finalmente se retira pelo fundo.*)

CENA VIII

MADALENA, MANUEL DE SOUSA e JORGE

MADALENA — Jorge, meu irmão, meu bom Jorge, vós, que sois tão prudente e refletido, não dais nenhum peso às minhas dúvidas?

JORGE — Tomara eu ser tão feliz que pudesse, querida irmã.

MADALENA — Pois entendeis?...

MANUEL — Madalena... Senhora! Todas estas coisas são já indignas de nós[6]. Até ontem, a nossa desculpa, para com Deus e para com os homens, estava na boa-fé e seguridade de nossas consciências. Essa acabou. Para nós já não há senão estas mortalhas (*tomando os hábitos de cima da banca*) e a sepultura de um claustro.

---

[6] As palavras que Frei Antonio da Encarnação põe na boca de Manuel de Sousa, nesta ocasião, merecem apontar-se aqui:
"Chegando ele (Manuel de Sousa) de fora, ela lhe relatou tudo o que tinha passado com o peregrino, e o mais que tinha visto seu irmão, o mestre Frei Jorge, e assim, que visse o que na matéria se devia fazer. Não se suspendeu, mas respondeu logo, dizendo: "Até agora, Senhora, vivi em boa-fé convosco; e creio de vós, que na mesma fé vivestes comigo: porque fio de vós que não casaríeis outra vez senão tivésseis por certa a morte do vosso primeiro marido... O que convém mais, é fugir para o sagrado da religião... etc."
Prólogo à II p. da *Hist. de S. Dom.*

A resolução que tomamos é a única possível; e já não há que voltar atrás... Ainda ontem falávamos dos Condes de Vimioso... Quem nos diria... oh, incompreensíveis mistérios de Deus! Ânimo, e ponhamos os olhos naquela cruz! Pela última vez, Madalena... pela derradeira vez neste mundo, querida... (*Vai para a abraçar e recua.*) Adeus, adeus! (*Foge precipitadamente pela porta da esquerda.*)

CENA IX

MADALENA e JORGE (*Coro dos frades dentro.*)

MADALENA — Ouve, espera; uma só, uma só palavra; Manuel de Sousa!... (*Toca o órgão dentro.*)

CORO (*dentro*) — *De profundis clamavi ad te, Domine*[7]*; Domine, exaudi vocem meam.*

MADALENA (*indo abraçar-se com a cruz*) — Oh, Deus, Senhor meu! pois já, já? Nem mais um instante, meu Deus? Cruz do meu Redentor, ó cruz preciosa, refúgio de infelizes, ampara-me tu, que me abandonaram todos neste mundo, e já não posso com as minhas desgraças... e estou feita um espetáculo de dor e de espanto para o Céu e para a Terra! Tomai, Senhor, tomai tudo... A minha filha também?... Oh! a minha filha, a minha filha... também essa vos dou, meu Deus. E agora, que mais quereis de mim, Senhor? (*Toca o órgão outra vez.*)

CORO (*dentro*) — *Fiant aures tuae intendentes; in vocem deprecationis meae.*

---

[7] Tive conselhos para não pôr em latim estes belos versetos do salmo penitencial que faço cantar aos frades. Não cedi porque era faltar à verdade, e diminuir a solenidade da impressão que a língua latina inquestionavelmente produz nas cerimônias da igreja. Mostrou-me a experiência que eu tinha razão.

Num poema narrativo, teria feito como fiz no segundo canto do *Camões*, que traduzi os versos de Jó: em drama, o que se representa deve ser o mais próximo possível do que efetivamente se passou, ou deveria passar.

JORGE — Vinde, minha irmã, é a voz do Senhor que vos chama. Vai começar a santa cerimônia.

MADALENA (*enxugando as lágrimas e com resolução*) — Ele foi?

JORGE — Foi sim, minha irmã.

MADALENA (*levantando-se*) — E eu vou. (*Saem ambos pela porta do fundo.*)

CENA X

Corre o pano do fundo, e aparece a igreja de São Paulo: os frades sentados no coro. Em pé, junto ao altar-mor o Prior de Benfica. Sobre o altar dois escapulários dominicanos. Manuel de Sousa de joelhos com o hábito de noviço vestido, à direita do Prior. O Arcebispo de capa magna e barrete no seu trono, rodeado dos seus clérigos em sobrepelizes.
Pouco depois entra Jorge, acompanhando Madalena, também já vestida de noviça e que vai ajoelhar à esquerda do Prior. Toca o órgão.

CORO — *Si iniquitates observaveris, Domine; Domine, quis sustinebit?*

PRIOR (*tirando os escapulários de cima do altar*) — Manuel de Sousa Coutinho, irmão Luís de Sousa, pois em tudo quisestes despir do homem velho, abandonando também ao mundo o nome que nele tínheis! — Sóror Madalena, vós ambos, que já fostes nobres senhores no mundo, e aqui estais prostrados no pó da terra, nesse humilde hábito de pobres noviços, que deixastes tudo até vos deixar a vós mesmos... filhos de Jesus Cristo, e agora de nosso padre S. Domingos, recebei este bento escapulário...

CENA XI

O PRIOR DE BENFICA, o ARCEBISPO, MANUEL DE SOUSA, MADALENA etc. *Maria que entra precipitadamente pela igreja em estado de completa alienação; traz umas roupas brancas, desalinhadas e caídas, os cabelos soltos, o rosto macerado, mas inflamado com as rosetas héticas; os olhos desvairados: para um momento, reconhece os pais, e vai direita a eles. Espanto geral; a cerimônia interrompe-se.*

MARIA — Meu pai, meu pai, minha mãe, levantai-vos, vinde. (*Toma-os pelas mãos; eles obedecem maquinalmente, vêm ao meio da cena; confusão geral.*)

MADALENA — Maria! Minha filha!

MANUEL — Filha, filha!... Oh, minha filha... (*Abraçam-se ambos nela.*)

MARIA (*separando-se com eles da outra gente, e trazendo-se para a boca da cena*) — Esperai: aqui não morre ninguém sem mim. Que quereis fazer? Que cerimônias são estas? Que Deus é esse que está nesse altar, e quer roubar o pai e a mãe a sua filha? (*Para os circunstantes:*) Vós quem sois, espectros fatais?... Quereis-mos tirar dos meus braços?... Esta é a minha mãe, este é o meu pai... Que me importa a mim com o outro? Que morresse ou não, que esteja com os mortos ou com os vivos, que se fique na cova ou que ressuscite agora para me matar?... Mate-me, mate-me, se quer, mas deixe-me este pai, esta mãe que são meus. Não há mais do que vir ao meio de uma família e dizer: "Vós não sois marido e mulher?... E esta filha do vosso amor, esta filha criada ao colo de tantas meiguices, de tanta ternura, esta filha é...". Mãe, mãe, eu bem o sabia... nunca to disse, mas sabia-o: tinha-mo dito aquele anjo terrível que me aparecia todas as noites para me não deixar dormir... aquele anjo que descia com uma espada de chamas na mão, e a atravessava entre mim e ti, que me arrancava dos teus braços quando eu adormecia neles... que me fazia chorar quando meu pai ia beijar-me no teu colo. Mãe, mãe, tu não hás de morrer sem mim... Pai, dá cá um pano da tua mortalha... dá cá, eu quero morrer antes que ele venha. (*Encolhendo-se no hábito do pai.*) Quero-me esconder aqui, antes que venha esse homem do outro mundo dizer-me na minha cara e na tua — aqui diante de toda esta gente: "Essa filha é a filha do crime e do pecado!...". Não sou; dize, meu pai, não sou... dize a essa gente toda, dize que não sou. (*Vai para Madalena.*) Pobre mãe! Tu não podes... Coitada!... Não tens ânimo... Nunca mentiste? Pois mente agora para salvar a honra de tua filha, para que lhe não tirem o nome de seu pai.

MADALENA — Misericórdia, meu Deus!

MARIA — Não queres? Tu também não, pai? Não querem. E eu hei de morrer assim... e ele vem aí...

CENA XII

MARIA, MADALENA, MANUEL, o ROMEIRO e TELMO
que aparecem no fundo da cena saindo detrás do altar-mor.

ROMEIRO (*para Telmo*) — Vai, vai; vê se ainda é tempo; salva-os, salva-os, que ainda podes... (*Telmo dá alguns passos para diante.*)

MARIA (*apontando para o Romeiro*) — É aquela voz, é ele, é ele. Já não é tempo... Minha mãe, meu pai, cobri-me bem estas faces, que morro de vergonha... (*Esconde o rosto no seio da mãe.*) Morro, morro... de vergonha... (*Cai e fica morta no chão. Manuel de Sousa e Madalena prostram-se ao pé do cadáver da filha.*)

MANUEL (*depois de algum espaço, levanta-se de joelhos*) — Minha irmã, rezemos por alma... encomendemos a nossa alma a este anjo que Deus levou para si. Padre Prior, podeis-me lançar aqui o escapulário?

PRIOR (*indo buscar os escapulários ao altar-mor e tornando:*) — Meus irmãos, Deus aflige neste mundo aquele que ama. A coroa de glória não se dá senão no Céu. (*Toca o órgão; cai o pano.*)

PERFIL BIOGRÁFICO

O autor e sua obra

P rimeiro representante do romantismo em Portugal, Almeida Garrett pautou sua vida e sua obra segundo a mesma inquietação estética e política do grande poeta inglês Lord Byron. Talento flexível e aberto, com uma certa atração pela história medieval e pelo espírito rebelde do povo espanhol, abriu as portas da cultura de seu país aos ventos da renovação européia. Ao mesmo tempo, redescobriu a poesia antiga de Portugal, especialmente a de Gil Vicente e de Bernardino Ribeiro.

Almeida Garrett produziu uma obra vasta e bastante diversificada. Foi poeta, romancista, educador e dramaturgo. Deixou o melhor de sua poesia em *Folhas caídas* (1853, marcada por um erotismo coloquial e de tom lamarquiano). Por sua vez, como autor teatral sobressai em *Um auto de Gil Vicente* (1841 — que evoca as antigas tradições vicentinas) — e, sobretudo, em *Frei Luís de Sousa* (1844, em que o fato histórico e a vida familiar se entrecruzam de maneira admirável). O amor pela história medieval transparece em *O arco de Sant'Ana* (1845, novela histórica com um estilo e uma narrativa muito semelhante à de Walter Scott). Finalmente, os caracteres que mais marcam sua obra — o liberalismo e a crítica social — contribuíram decisivamente para o sucesso de *Viagens na Minha Terra* (1846).

João Batista da Silva de Almeida Garrett nasceu na cidade do Porto, a 4 de fevereiro de 1799. Em 1808, com apenas nove anos de idade, ante a ameaça de invasão francesa a Portugal, mudou-se com a família para as ilhas dos Açores. Ali, iniciou seus primeiros estudos na ilha Terceira. Nessa fase de sua vida, os pais procuravam encaminhá-lo para a carreira eclesiástica.

Jovem ainda, Almeida Garrett percebeu que não tinha nenhuma vocação religiosa. Abandonou, então, a família e seguiu para Coimbra, a fim de estudar direito (1816). Na metrópole, freqüentou os círculos intelectuais e estudantis mais radicais. Ficou conhecido como poeta orador especialmente dedicado à causa do liberalismo, chegando a receber o cognome de "O Divino". A revolução constitucional de 1820 encontrou nele um firme apoio.

Estabelecendo-se em Lisboa a partir de 1821, Almeida Garrett ingressou no Ministério do Interior, onde teve oportunidade de dirigir o serviço do ensino público. Data dessa época seu primeiro sucesso como escritor, com a peça de estilo clássico, *Catão* (1822). Logo a seguir, o livro de poemas *O retrato de Vênus* levou-o aos tribunais, acusado de pornografia, mas a repercussão do caso acabou por consagrá-lo como escritor.

Todavia, a revolução de 1823, conservadora e absolutista, obrigou-o a exilar-se na Inglaterra, onde escreveu os poemas *Camões* (1825) e *Dona Branca ou A conquista do Algarve* (1826), pontos de partida do romantismo português. No mesmo ano retorna a Portugal, voltando a participar ativamente da vida política do país. Mas, em 1828, com a ampliação do absolutismo de dom Miguel, Almeida Garrett foi preso novamente e exilado para a Inglaterra.

O escritor voltou ao seu país quatro anos mais tarde como soldado raso da força expedicionária liberal, que colocaria no trono português dona Maria da Glória, filha mais velha do ex-imperador do Brasil, dom Pedro I.

Depois de servir algum tempo no corpo diplomático, em Bruxelas, Almeida Garrett viveu os últimos anos de sua vida em Lisboa, atuando como jornalista e parlamentar. Ao mesmo tempo, freqüentou os mais sofisticados salões literários da capital portuguesa, apresentando-se como um verdadeiro *"dany"*.

Em conseqüência de uma inesperada doença, Almeida Garrett veio a falecer em Lisboa, a 10 de dezembro de 1854.

Cronologia*

1799 — Nasce no Porto, em 4 de fevereiro, filho de Antônio Bernardo da Silva e Ana Augusta de Almeida Leitão — João Batista da Silva Leitão, mais tarde (1818) João Batista Leitão de Almeida Garrett (o sobrenome Garrett foi tomado, pelo Poeta, de um ascendente irlandês do pai).

1804 — Garrett, com cinco anos, vive nas quintas do Castelo e do Sardão, perto do Porto. Encantam-no os romances, as xácaras e os solaus da ama Tia Brígida e da mulata brasileira Rosa de Lima. Mais tarde o romanceiro português seria um dos grandes entusiasmos do Poeta.

1807 — Invasão francesa em Portugal. Fuga da Família Real para o Brasil.

1808 — A família de Garrett, ante a iminente ocupação do Porto pelos franceses, retira-se da quinta do Castelo para Lisboa, e pouco depois para os Açores Angra do Heroísmo, ilha Terceira. Garrett inicia, então, seus estudos elementares.

1811 — Chega a Angra o tio do Poeta, D. Frei Alexandre, o qual pouco depois se encarregaria (até 1814) da educação do talentoso sobrinho, dando-lhe boa formação vernácula e encaminhando-o à vida eclesiástica.

1812 — Portugal liberta-se definitivamente da ocupação francesa. Com a Família Real no Brasil, Portugal é dominado pelos ingleses; a situação do país é de caos político, opressão estrangeira e bancarrota.

---

* Fonte: *Clássicos Garnier, Frei Luís de Sousa / Viagem na Minha Terra*, Difusão Européia do Livro, São Paulo, 1965.

1814 — Garrett toma ordens menores e continua seus estudos eclesiásticos.

1815 — Cai Napoleão. Garrett, jovem Poeta eclesiástico, elabora seu primeiro poema, imitado de Camões: *Afonseida ou Fundação do Império Lusitano* (quatro cantos incompletos), e assina a obra com o pseudônimo arcádico Josino Duriense. Sem vocação para a vida sacerdotal, abandona por fim a batina, parte para Lisboa e pouco depois segue para a Universidade de Coimbra.

1816 — Com dezessete anos Garrett matricula-se na Universidade de Coimbra (23 de novembro).

1817 — Enforcamento, em Lisboa (18 de outubro), do General Gomes Freire de Andrade, chefe do movimento nacionalista contra a ocupação inglesa de Portugal e a "ditadura" de Beresford. Onda de ódio aos tiranos e aos ingleses, de que participa o jovem Poeta acadêmico, prepara o ambiente para a revolução liberal, eclodida mais tarde (1820) no Porto.

1818 — Garrett participa, com outros colegas, em Coimbra, de uma sociedade secreta, revolucionária e liberal, de filiação carbonária, e também das atividades teatrais do seu meio acadêmico: emenda sua tragédia *Xerxes*, escrita em 1816, e encena a tragédia *Lucrécia*. Lê então Alfieri, Ducis e Chateaubriand. E toma o nome que o celebrizou: João Batista Leitão de Almeida Garrett.

1819 — Morre em Paris Filinto Elísio, símbolo, para a geração do jovem Poeta, da renovação do Classicismo português, da defesa do vernáculo contra a invasão do galicismo, e ainda do intelectual exilado da pátria, vítima da tirania de um governo reacionário bem como da ingratidão dos concidadãos. Nestes termos faz Garrett o elogio póstumo de Filinto Elísio. O teatro e a poesia de circunstância continuam a ocupar os interesses intelectuais do Poeta acadêmico.

1820 — Revolução de Cádiz: Fernando VII, de Espanha, jura a Constituição Liberal de 1812. Grande entusiasmo entre os liberais e os acadêmicos portugueses. Beresford parte para o Rio de Janeiro a entrevistar-se com D. João VI. Garrett sofre grave acidente numa queda de cavalo, o que veio a obrigá-lo, mais tarde, a usar chinó, para esconder grande cicatriz que lhe ficou na cabeça. Ensaia-se em Coimbra sua tragédia *Mérope*. Eclode, finalmente, no Porto (24 de agosto), a Revolução Liberal. Garrett adere, empolgado, ao movimento (ver seu poema *Hino Constitucional*). Alexandre Garrett, irmão do Poeta, toma posição contra os liberais, o que seria, desde então, o principal motivo de desentendimento entre os dois irmãos. Garrett matricula-se (novembro) no 5º e último ano da Universidade. Continua a trabalhar pela causa liberal (agora na loja maçônica Sociedade dos Jardineiros) e defende o corpo discente ou acadêmico das perseguições de professores absolutistas, e o direito de voto dos estudantes, nas eleições democráticas instituídas pela Revolução.

1821 — 1ª Sessão das Cortes Liberais (26 de janeiro): entusiásticas comemorações no País e nos meios acadêmicos. Terminado seu curso de Direito, Garrett passa por Lisboa e parte para Angra a visitar a família. Em Angra continua suas atividades em favor da causa liberal. Declara-se pela poesia inspirada na Revolução e contra a poesia erótica "elmanista", isto é, a poesia lírico-amorosa de que Bocage ou Elmano Sadino, morto em 1805, fora o corifeu. Novamente no Continente (agosto), consegue levar à cena, em Lisboa, sua tragédia *Catão*, cheia de alusões ao momento revolucionário português: êxito do Poeta, que então conhece Luísa Midosi, com quem veio a casar-se no ano seguinte. A Família Real regressara do Brasil (junho) e D. João VI, prisioneiro dos liberais, jura a Constituição. Garrett recebe (novembro) o grau de doutor em Leis.

1822 — Garrett publica *O Retrato de Vênus*, poema iniciado em 1818 ou 1820. A imprensa conservadora ataca a obra pela sua vinculação ao deísmo materialista, ao epicurismo tão do gosto da poesia neoclássica e pelo que lhe apontava de obscenidades. O Poeta vai a julgamento público e é absolvido (dezembro). Pouco antes casara-se com Luísa Midosi.

1823 — Contra-revolução absolutista (Vilafrancada), chefiada por D. Miguel: D. João VI é levado a abolir a Constituição de 1822; os liberais são perseguidos; Garrett foge para a Inglaterra (9 de junho), deixando em Lisboa Luísa Midosi; pouco depois volta clandestinamente (24 de agosto), mas é imediatamente deportado para o mesmo país (25 de agosto). No exílio, Garrett sente o que fora a vida dos grandes exilados (Camões, Filinto Elísio). Hóspede, em Warwick, de Thomaz Haddley, pai de três encantadoras moças, com as quais mantém o Poeta relações sentimentais, mais tarde atribuídas a Carlos, protagonista das *Viagens na Minha Terra*. Garrett inicia-se na literatura romântica inglesa. Luísa Midosi vai, finalmente, encontrar-se com o marido.

1824 — Viagem de Garrett e Luísa, de Warwick para Londres, e daí para o Havre onde fixam residência, vivendo Garrett do emprego de correspondente da casa bancária Laffitte. Francamente dominado pelos ideais de renovação literária do Romantismo europeu, escreve Garrett os dois poemas com que iniciaria a reforma romântica portuguesa: *Camões* e *Dona Branca*. Garrett e Luísa mudam-se para Paris.

1825 — Publicação do poema *Camões* (sem indicação do nome do autor, por motivos políticos). Êxito da obra. Mal-entendido com o lusista e brasilianista Ferdinand Denis, a propósito de suposto plágio do Poeta. Inúteis diligências de Garrett, junto do governo português, para seu regresso a Portugal. Garrett e Luísa vivem em Paris inevitáveis dificuldades econômicas. Regresso ao Havre.

1826 — Desempregado, Garrett volta a Paris, e Luísa regressa a Portugal. Publica-se em Paris o poema *D. Branca*, bem como o 1º volume do *Parnaso Lusitano ou Poesias Seletas dos Autores Portugueses Antigos e Modernos*, encomendado ao Poeta pela Casa Aillaud. Na mesma altura saía, também em Paris, a obra de Ferdinand Denis, *Résumé de l'histoire littéraire du Portugal, suivi du résumé de l'histoire littéraire du Brésil*: o mal-entendido havido no ano anterior entre os dois autores pode ser a explicação de se ignorarem, nas obras publicadas sobre a mesma matéria. Morre D. João VI. Garrett publica em Londres o artigo *Europa e América* (germe do *Portugal na Balança da Europa*, editado em 1830). Chega a Portugal a Carta Constitucional de D. Pedro I, do Brasil, herdeiro da coroa portuguesa: a Carta procura ser o meio-termo entre o absolutismo e o Constitucionalismo avançado de 1822. Regência da Infanta D. Isabel Maria, irmã de D. Pedro e D. Miguel. Reacendem-se os conflitos entre absolutistas (partidários de D. Miguel e Carlota Joaquina) e liberais cartistas (partidário de D. Pedro e da sua Carta Constitucional). Promulgada por fim a Carta, Garrett regressa a Portugal, é readmitido no serviço público e volta à atividade política. Com a publicação da *Carta de Guia para Eleitores*, define sua posição liberal e cartista. Dedicando-se à imprensa, funda e dirige o jornal *O Português*, que reanima o movimento liberal, e literariamente promove boa crítica teatral.

1827 — Ainda dedicado ao jornalismo funda outro periódico, *O Cronista*. Demissão de Saldanha, chefe dos liberais avançados. O miguelismo, que se acomodara aparentemente à situação, vai tomando força. Os jornais liberais são perseguidos. Garrett procura defender D. Pedro e a Carta, mas é vencido. Fecham-se seus jornais, e o escritor volta ao funcionalismo. Termina em Paris a edição do *Parnaso Lusitano* (5 tomos).

1828 — D. Miguel, regressando de Viena (22 de fevereiro), é declarado "Rei legítimo". Garrett, amargurado pela morte da filha e pelas perseguições políticas, regressa à Inglaterra. Triste é a situação dos emigrados políticos portugueses na Inglaterra, na França e na Bélgica. Em Londres, publica o Poeta a *Adozinda*, romance (e *Bernal Francês*), e trabalha com entusiasmo na pesquisa e na revisão literária de romances populares portugueses, com o que promoveria em seu País o gosto pela literatura tradicional e folclórica, posta em moda pelo Romantismo. Palmela, embaixador de Portugal em Londres, procura auxiliar os mais categorizados emigrados políticos, introduzindo-os na sociedade inglesa (as *Viagens na Minha Terra* registrariam, mais tarde, reminiscências desta época). D. Maria da Glória, filha de D. Pedro I, indigitada sucessora do pai no direito ao trono português, chega à Inglaterra, e com isto levanta-se o moral dos emigrados políticos. Na ilha Terceira, nos Açores, os liberais conseguem sua primeira vitória.

1829 — Garrett publica mais um livro de poesia, *Lírica de João Mínimo*, e a obra pedagógica, de inspiração liberal, *Da Educação* — "cartas dirigidas a uma senhora ilustre, D. Leonor da Câmara, encarregada da educação de uma jovem soberana, D. Maria da Glória".

1830 — Publica-se em Londres outra obra do escritor, *Portugal na Balança da Europa*. Com a chegada de Palmela avigora-se, na ilha Terceira, a resistência liberal.

1831 — D. Pedro I, tendo abdicado ao trono brasileiro, chega à

Europa. Garrett funda em Londres outro jornal político, *O Precursor*, que conclama todos os liberais a se reunirem em torno de D. Pedro. Na Inglaterra e na França os liberais, sob o comando de D. Pedro, preparam-se para uma expedição militar contra o governo absolutista de D. Miguel. Garrett, integrado no movimento, parte para a França.

1832 — Organizada a expedição militar, Garrett integra, como praça, um batalhão de caçadores. Parte a expedição (fevereiro). Garrett vai na segunda divisão, com o jovem Alexandre Herculano, de quem seria, desde então, íntimo amigo. A expedição chega a S. Miguel, nos Açores. O Poeta passa para o corpo acadêmico da tropa. Alguns lazeres permitem-lhe voltar ao convívio da família e continuar nas pesquisas para o *Romanceiro*. Com Mousinho da Silveira trabalha na elaboração das leis do novo governo, leis que vieram a promover, a partir do triunfo do liberalismo, em 1834, ampla e profunda reforma política e social em Portugal. Embarque da expedição revolucionária para Portugal (junho). Desembarque na praia do Midelo, perto do Porto (7 de julho). Ocupação do Porto. Prolongado cerco da cidade pelos miguelistas. Garrett, aquartelado com o corpo acadêmico no Convento dos Grilos, ainda encontra disposição e tempo para iniciar o romance histórico *O Arco de Santana*, e, na qualidade de funcionário da secretaria do governo revolucionário, colaborar na redação de importantes diplomas legais, como o alvará da comenda Torre e Espada e os códigos criminal e comercial; no fim do ano ainda integra missão que negociou na Inglaterra apoio à causa liberal portuguesa.

1833 — Em Paris Garrett conhece o pintor brasileiro Manuel Araújo Porto Alegre, que lhe pinta conhecido retrato. Desembarque dos liberais no Algarve; os miguelistas abrem o cerco do Porto; os liberais, comandados pelo Duque da Terceira, entram triunfantes em Lisboa (24 de junho): travam-se as últimas lutas entre os liberais e os miguelistas, e D. Miguel encontra sua definitiva derrota em Évora Monte (as *Viagens na Minha Terra* registrariam, mais tarde, esses acontecimentos). Garrett, vindo de Paris com a família, chega a Lisboa pobre e desempregado (outubro); mas logo depois (novembro) é nomeado para uma comissão encarregada da reforma do ensino português.

1834 — Instalado em Lisboa, com D. Pedro IV (ou I do Brasil) e sua filha D. Maria II, o novo governo liberal, surgem entre os vitoriosos naturais divergências entre contemplados e preteridos pela situação. Garrett é nomeado Encarregado de Negócios junto ao governo da Bélgica e Cônsul-Geral de Portugal no mesmo país (14 de fevereiro). Na Bélgica (junho), embora dedicado aos interesses portugueses, encontra tempo para estudar a língua e a literatura alemã, particularmente a obra de Goethe, que exerce influência no seu espírito e no seu gosto literário. Morre D. Pedro IV. Reina sozinha D. Maria II. Garrett vive na Bélgica aflitivas dificuldades econômicas.

1835 — Garrett vai a Portugal na comitiva do Príncipe Augusto de Portugal, noivo de D. Maria II (janeiro), e logo regressa a Bruxelas (maio), onde continua a viver em penosa situação econômica. Contrata-se o casamento de D. Maria, com outro pretendente, D. Fernando, Duque de Saxe Coburgo Gotha. Garrett é demitido das funções que exercia na Bélgica.

1836 — Garrett e Luísa regressam a Lisboa (junho) e logo se divorciam. Voltando ao jornalismo, Garrett funda e dirige um novo periódico político *O Português Constitucional* (junho). Eclode a chamada Revolução de Setembro (9 de setembro), que leva a rainha a revogar a Carta Constitucional de D. Pedro, por que lutaram os liberais, e a restabelecer a Constituição de 1822. Garrett está ligado ao grupo da revolução, ao lado de Silva Passos; mas advoga antes uma Reforma da Carta, do que o regresso à Constituição de 22. Uma contra-revolução, eclodida em Belém, bairro de Lisboa, donde seu nome, Belenzada, (novembro), é abortada. Apesar de suas restrições ao movimento de setembrista, Garrett volta a ser um dos intelectuais mais solicitados pelo governo: é encarregado (novembro) de propor um plano para a fundação e organização do *teatro nacional* (veja-se seu relatório sobre a "inspeção geral dos teatros e espetáculos nacionais, feitura do Teatro D. Maria II e criação do Conservatório Geral da Arte Dramática"); na mesma altura é nomeado Juiz do Tribunal Comercial de Segunda Instância; agraciado com o grau de Cavaleiro da Torre e Espada; nomeado para o Conselho de Sua Majestade, para membro da comissão incumbida de organizar o *Diário das Cortes* e Inspetor-Geral dos teatros e espetáculos nacionais.

1837 — Eleito deputado, por Braga, às Cortes Gerais extraordinárias e constituintes, Garrett exerce grande atividade parlamentar em defesa do espírito da Revolução de Setembro, ou do chamado Setembrismo, mais liberal que o Cartismo. Funda outro periódico, o *Entreato, Jornal de Teatros* (17 de abril) e publica aí seu curioso auto-retrato (8 de junho). Sob a direção de Alexandre Herculano, sai o primeiro número d'*O Panorama*. Procurando recompor sua vida matrimonial, passa a viver com Adelaide Pastor, que lhe dá, pela primeira vez, a medida da felicidade conjugal.

1838 — Continua a intensa atividade parlamentar de Garrett. D. Maria II jura a nova Constituição de 1838, decretada pelas Cortes Gerais (4 de abril). Encerradas as Cortes, Garrett suspende suas atividades parlamentares e mais intensamente se dedica à atividade pública, em várias comissões e na Inspetoria-Geral dos Teatros e Espetáculos Nacionais. Membro da Comissão Eclesiástica, incumbida de rever e regulamentar a situação da Igreja em Portugal, em face do liberalismo implantado no país, troca com o irmão Alexandre (sacerdote e miguelista), curiosa correspondência (ver as *Cartas Apologéticas e Históricas*..., citadas na bibliografia). Vivamente empenhado na realização de seu programa de criação do teatro nacional, leva à cena, com êxito (15 de agosto), sua primeira peça romântica e nacional, *Um Auto de Gil Vicente*. No Brasil, pouco antes (13 de março) e também com êxito, Domingos José Gonçalves de Magalhães, amigo de Garrett, levara à cena uma tragédia, *Antônio José*, com semelhante intenção: implantar o teatro romântico e nacional, revivendo a vida de um grande teatrólogo do país. Prestigiado e influente, Garrett é também nomeado Cronista-mor do Reino (20 de dezembro), honroso cargo, criado no século XV para Fernão Lopes.

1839 — Eleito deputado por Angra (Açores), recomeça Garrett sua atividade parlamentar. A felicidade de seu novo lar é empanada pela morte do primeiro filho (9 de fevereiro). É decretado o seu Regimento do Conservatório Dramático (27 de março). Dedicado à função de Cronista-mor, trabalha no plano de um curso de leituras públicas de história. Começa, pela livraria Bertrand, a edição de suas *Obras Completas*. Nasce seu segundo filho, com Adelaide Pastor (6 de novembro); a morte também o levaria prematuramente.

1840 — Inicia-se em Lisboa o Curso de Leituras Públicas de História, que merece reparos de Alexandre Herculano. Na Câmara, Garrett continua a defender seu célebre projeto de lei sobre a propriedade literária. É representado, no Teatro do Salitre, em Lisboa, com merecido êxito, seu segundo drama histórico: *Filipa de Vilhena* (30 de maio). Dissolvida a Câmara, Garrett é reeleito deputado e passa a representar Lisboa (5 de junho). É nomeado (2 de julho) Embaixador Plenipotenciário para negociar o tratado de comércio com os Estados Unidos. Colabora ativamente no projeto da reforma administrativa do país. Apresenta o projeto para a criação do Teatro D. Maria II (19 de outubro).

1841 — Nasce Maria Adelaide (14 de janeiro), e o lar de Garrett e Adelaide Pastor enche-se de alegria. Mas da vida pública vêm ao escritor imensos dissabores: muda-se o ministério; Garrett passa a ser oposição, e isto lhe custa a demissão dos dois altos cargos que ocupava: Inspetor-Geral dos Teatros e Espetáculos Nacionais e Cronista-mor do Reino (17 de julho). E quando não bastassem tais dissabores para o amargurar, perde, no mesmo mês, a mãe e a esposa. A filha, pequenina, é seu único consolo. Recolhido na sua dor, escreve o drama *Alfageme de Santarém*, e publica a peça *Mérope*.

1842 — Costa Cabral, na chefia do Ministério, consegue que se restaure a Carta, e impõe ao país sua atuante ação política. Garrett se opõe ao Ministério Costa Cabral e à restauração da Carta. Publicam-se os dramas *Alfageme de Santarém* e *Um Auto de Gil Vicente*. Alguns críticos vêem na primeira peça alusões à situação política vigente em Portugal. Garrett é, finalmente, reeleito deputado (pela Estremadura) e volta a brilhar na tribuna e na imprensa política.

1843 — Retomada a atividade parlamentar, Garrett interfere decisivamente na discussão da reforma do ensino português e da organização da instrução do clero; nessa discussão defende a religião contra os excessos do liberalismo materialista, mas de outro lado combate o "perigo" do domínio dos padres (ou dos frades, como diz) e da Cúria Romana em Portugal (nas *Viagens na Minha Terra* apareceriam, dentro de pouco, referências a tais fatos e à posição do escritor em face do clero ou dos "frades"). Em franca oposição à política Costa Cabral, combate o aumento dos impostos e outras medidas do governo. Escreve, em dois meses (março e abril), o drama *Frei Luís de Sousa*, que logo em seguida apresenta ao conservatório (ver no texto a memória *Ao Conservatório Real*, lida em 6 de maio) e encena no teatro particular da Quinta do Pinheiro, de D. Maria Kruz (4 de julho), desempenhando o autor o papel de Telmo. Em busca de entretenimento e descanso, faz a Santarém (de 17 a 26 de julho) agradável e pitoresca viagem, que lhe deu assunto para uma série de artigos intitulados *Viagens na Minha Terra*. O governo vê intenções políticas (o que não era verdade) nessa viagem, de vez que, promovida por Passos Manuel, era integrada por setembristas, da oposição. Regressado a Lisboa, Garrett começa a publicar as *Viagens*, na *Revista Universal Lisbonense*, dirigida por Castilho (17 de agosto); publica o tomo I do *Romanceiro*; colabora no lançamento do *Jornal de Belas-Artes* (outubro); e retoma as lides parlamentares.

1844 — Aumenta a oposição ao Ministério chefiado por Costa Cabral: revolução em Torres Vedras; suspensão das garantias constitucionais; perseguições da polícia, inclusive a Garrett, que se asila na Embaixada do Brasil. Serenada a crise política, Garrett volta à Câmara: defende-se de acusações do governo e participa ativamente do movimento em favor da reforma da Carta, coerente com a posição que tomara na Revolução de Setembro (1836) e na Constituinte de 1838.

1845 — Publica-se, sem nome do autor, o primeiro volume d'*O Arco de Santana*, romance histórico, sobre as oligarquias feudais e eclesiásticas, começado no Porto, no Convento dos Grilos, em 1832, continuado em 1841 e terminado em 1844. A denúncia dos males das oligarquias em Portugal (dos "frades" e dos barões), repetia-se nas *Viagens na Minha Terra*, em parte publicadas e ainda em desenvolvimento. Publica-se também o volume de poesias *Flores sem Fruto*, pronto desde 1843, e com poemas de várias épocas da vida do autor (1815-1843).

1846 — Decreta finalmente o governo nova lei do imposto; reação popular provoca a eclosão, no Minho, da revolução denominada "Maria da Fonte" (abril), que contribuiu para derrubar o ministério Costa Cabral, ou cabralista, que sustentava a Carta. Ministério do Duque de Palmela; Garrett volta a colaborar com o governo e é reintegrado no cargo de Cronista-mor do Reino (10 de agosto). Publicam-se, em dois volumes, as *Viagens na Minha Terra* (a edição de 1843, na *Revista Universal Lisbonense*, ficara incompleta). Continuam as discórdias entre as facções liberais, uma chefiada pelo Duque de Saldanha, outra, pelo Duque de Palmela, e eclode nova revolução.

1847 — Garrett, que desde o início dessa crise política procurara posição de neutralidade, acabou por ficar no ostracismo; sua atividade se reduz à social e literária. Refaz a peça *A Sobrinha do Marquês*.

1848 — Representa-se, no Teatro D. Maria II, a peça *A Sobrinha do Marquês*. À margem da vida pública, o escritor vive sua vida particular e literária.

1849 — À procura de recolhimento, Garrett convive alguns dias com Herculano, na Ajuda; Bulhão Pato e Caldas Aulete fazem aos dois escritores companhia, em passeios nos arredores da Ajuda. Apesar de à margem da vida política, Garrett continua a viver sua prestigiosa vida social e a impor-se pela finura de suas maneiras, pela elegância no vestir-se e pela superioridade de seu espírito.

1850 — Publica-se o tomo segundo d'*O Arco de Santana*. Na Câmara discute-se o projeto de lei sobre a liberdade de imprensa, ou, como então se disse, a "lei das rolhas". Garrett e Herculano assinam, com outros intelectuais, veemente protesto. Apesar desta atitude e de sua franca oposição ao governo, Garrett é nomeado vogal da Comissão para o Monumento a D. Pedro IV.

1851 — Acentuam-se mudanças no espírito político do governo de D. Maria II, e Garrett, pouco a pouco, vê reabilitar-se o seu prestígio. Nomeado Ministro Plenipotenciário para tratar com o representante da França de uma convenção literária entre os dois países. Mais uma revolução leva a primeiro-ministro o Duque de Saldanha (maio). Em marcha, finalmente, a política de "regeneração" ou de conciliação de todos os liberais e absolutistas. Garrett apóia o movimento e tem nele importante papel. A rainha distingue-o com o título de Visconde (25 de junho). Sob o influxo do movimento político de regeneração do país, elabora-se o Ato Adicional, que moderniza a Carta e a torna mais liberal. Publicam-se os tomos II e

III do *Romanceiro* de Garrett, e o escritor elege-se, mais uma vez, deputado, agora pela Beira.

1852 — Volta para Garrett a oportunidade de ativa vida parlamentar e pública. É nomeado Par do Reino (13 de janeiro) e pouco depois Ministro dos Estrangeiros (4 de abril). Colabora no Ato Adicional, finalmente sancionado (5 de julho). Razões várias levam-no, pouco depois, a deixar o Ministério dos Estrangeiros (17 de agosto).

1853 — De volta às lides parlamentares, Garrett, por motivos de saúde, já não se apresenta com a combatividade de outros tempos. Publica-se a primeira edição das *Folhas Caídas*; logo em seguida a segunda edição. Êxito invulgar da obra, e também escândalo em torno do novo amor do Poeta, inspirador dos poemas do livro — a Viscondessa da Luz. Maria Adelaide, filha do Poeta, já mocinha, entra para o colégio das Irmãs Salesianas (Colégio das Salésias): o velho e prestigiado liberal, apesar de suas restrições à oligarquia clerical, que considerou secularmente nefasta a Portugal, não teve dificuldade em justificar a preferência de um colégio de religiosas para sua filha. A geração que implantara o liberalismo em Portugal vai chegando ao fim: morre D. Maria II (15 de novembro). Instala-se a regência do rei consorte e viúvo D. Fernando II.

1854 — Garrett escreve seu último livro, o romance *Helena*, que ficaria inacabado. Apesar de combalido, procura manter sua ação parlamentar, e apresenta na Câmara do Pares projeto de lei sobre o restabelecimento dos conventos de freiras, para que continuassem elas ocupadas com a educação feminina e como irmãs de caridade. Agravada sua crise de saúde, recolhe-se à vida privada, infelizmente quase ao abandono, não fosse a fiel amizade de Gomes de Amorim, que veio a ser seu melhor biógrafo (veja-se: *Garrett — Memórias Biográficas*, 1881-1884). "Ah! mundo enganador! Mundo enganador!..." — repetia então insistentemente o Poeta. Maria Adelaide, sua filha, faz-lhe também companhia. Mas carinhos e cuidados já nada podiam ante a morte que se aproximava. Finalmente, em 10 de dezembro, o desenlace: Garrett morria com apenas 55 anos, e Portugal perdia, sem dúvida, um dos seus maiores escritores.

Bibliografia do autor

Obras Completas. Lisboa, Empresa da História de Portugal, 1904-1905, 28 v.
Obras Completas. Lisboa, Empresa da História de Portugal. 1904, 2 v., ilustrados.
Frei Luís de Sousa. Edição crítica baseada nos manuscritos, por Rodrigues Lapa, Lisboa, Seara Nova, 1943.
Viagens na Minha Terra. Lisboa; Liv. Sá da Costa, 1954. Com prefácio e notas do Prof. José Pereira Tavares.
Viagens na Minha Terra. Reprodução exata do texto da primeira edição e com as emendas ainda inéditas, feitas pelo Autor em um exemplar que lhe pertenceu, hoje existente na Biblioteca Geral da Universidade de Coimbra (*Espólio de Garrett*). Introdução e notas de Augusto da Costa Dias. Lisboa, Portugália Editora, 1963.

Acerca do autor

Biografia

Amorim, Francisco Gomes de — Garrett. *Memórias Biográficas*. Lisboa; Imprensa Nacional, t. I, 1881, t. II e III, 1884.

Oliveira, José Osório de — *O Romance de Garrett*. 2ª ed., rev. e ampl., Lisboa, Liv. Bertrand, 1952.

Bibliografia

Anselmo, Antônio — *Almeida Garrett. Em Bibliografia das Bibliografias Portuguesas*. Lisboa, Biblioteca Nacional, 1923, pp. 106-107.

Araújo, Joaquim de; e F. de M. — *Comemoração Centenária do Nascimento de Garrett. Garrettiana da Biblioteca Nacional*. Em *Anais da Biblioteca Nacional do Rio de Janeiro*, XXI, Rio de Janeiro, 1889, pp. 171-192.

Braga, Teófilo — *Bibliografia Garrettiana*. Em *Garrett e os Dramas Românticos*. Porto, Liv. Chardron, 1905, pp. 695-777.

Figueiredo, Fidelino de — *Garrett*. Em *A Crítica Literária como Ciência*. 3ª ed., Lisboa, Liv. Clássica Editora, 1920, pp. 220-225.

Lima, Henrique de Campos Ferreira — *Almeida Garrett — Bibliografia*. Em *História da Literatura Portuguesa Ilustrada*, Direção de Albino Forjaz de Sampaio, v. IV, Porto, Liv. Fernando Machado, 1942, pp. 27-31. *Inventário do Espólio Literário de Garrett*. Coimbra, Biblioteca Geral da Universidade, 1948.

Estudos críticos

Andrade, João Pedro de — *Garrett, Dramaturgo*. Em Estrada Larga, v. I, Porto, Porto Editora, s. d., pp. 309-313.

Araújo, Joaquim de — *O "Frei Luís de Sousa" de Garrett*. Lisboa, 1905. Prefácio de Teófilo Braga.

Braga, Teófilo — *Garrett e os Dramas Românticos*. Porto, Liv. Chardron, 1905.

Cidade, Hernâni — *Almeida Garrett. Comment les voyages à l'étranger on prépare les "Viagens na Minha Terra"*. Lisboa, Liv. Bertrand, 1953.

Coelho, Jacinto do Prado — *A Novela da Menina dos Rouxinóis*. Em *Estrada Larga*, v. 1, Porto, Porto Editora, s. d., pp. 326-

330. *Garrett Perante o Iluminisino. Ibidem*, pp. 360-364. *Garrett Perante o Romantismo. Ibidem*, pp. 299-308. *Frei Luís de Sousa*. Em *Dicionário da Literatura Portuguesa, Galega e Brasileira*. Porto, Liv. Figueirinhas, s. d., pp. 276-277. *Viagens na Minha Terra. Ibidem*, p. 863. *Garrett Prosador*. Lisboa, Faculdade de Letras, 1955; separata da *Revista da Faculdade de Letras de Lisboa*, t. XXI, 2ª série, nº 1, 1955.

Dias, Augusto da Costa — *Estilística e Dialética*. Introdução a Almeida Garrett, *Viagens na Minha Terra*, Lisboa, Portugália Editora, 1963, pp. IX-LXVII.

Farinelli, Arturo — *Almeida Garrett e o seu Influxo no Brasil*. Em *Conferências Brasileiras*, São Paulo, 1930, pp. 105-127.

Figueiredo, Fidelino de — *Shakespeare e Garrett*. São Paulo, Universidade de São Paulo, 1950; separata da *Revista da Universidade de São Paulo*, São Paulo, 1950, nº 1, pp. 559-599. *Garrett*. Em *História da Literatura Romântica*. 3ª ed., São Paulo, Ed. Anchieta, 1946, pp. 37-88.

Kayser, Wolfgang — *Interpretação do Frei Luís de Sousa*. Em *Fundamentos da Interpretação e da Análise Literária*. Coimbra, Armênio Amado, 1948, v. II, pp. 250-264.

Lima, Henrique de Campos Ferreira — *Estudos Garrettianos*. Porto, 1923. *Garrett e o Brasil. Notas Bibliográficas*. Rio de Janeiro, 1923.

Oliveira, José Osório de — *Um Garrett Brasileiro. Influência do Brasil em Portugal*. Introdução ao texto de Garrett, *"Comuraí"* (*História Brasileira*). Em *Revista do Livro*, Rio de Janeiro, Instituto Nacional do Livro, I, 1-2, 1956, pp. 137-143.

Pereira, Carlos de Assis — *Garrett e o Brasil*. Lisboa, 1958; separata da revista *Ocidente*.

Pimentel, Alberto — *Viagem à Roda das "Viagens"*. Lisboa, Guimarães, Libânio & Cia., s. d.

Pimpão, Álvaro Júlio da Costa — *O "Frei Luís de Sousa" de Almeida Garrett (Tentativa Sobre a Gênese da Tragédia)*. Em *Biblos*, Coimbra, Coimbra Editora, v. XVI, t. I, 1940, pp. 189-207. *O Romantismo das Viagens de Almeida Garrett*. Em *Gente Grada*, Coimbra, Atlântida, 1952, pp. 1-26.

Régio, José — *O Ficcionismo Romanesco em Garrett*. Em *Estrada Larga*, v. I, Porto, Porto Editora, s. d., pp. 320-325.
O Problema da Linguagem no "Frei Luís de Sousa". Ibidem, pp. 314-316.

Rocha, André Crabé — *O Teatro de Garrett*. Coimbra, 1944.

Sáfady, Naief — *Folhas Caídas. A Crítica e a Poesia*. Assis, Faculdade de Filosofia, Ciências e Letras, 1960.

Saraiva, Antônio José — *A Evolução do Teatro de Garrett. Os Temas e as Formas*. Em A *Evolução e o Espírito do Teatro em Portugal*, Lisboa, Ed. O Século, 1947. *O Conflito Dramático na Obra de Garrett*. Em *Para a História da Cultura em Portugal*, Lisboa, 1946, pp. 39-56.

Spina, Segismundo — *Introdução às Cartas Apologéticas* e *Históricas...* São Paulo, 1961, Suplemento II de *Brasília*. Coimbra, Instituto de Estudos Brasileiros, v. XI, 1961.

Veríssimo, José — *Garrett e a Literatura Brasileira*. Em *Estudos de Literatura Brasileira*, 2ª série, Rio de Janeiro, Garnier, 1901, pp. 165-182.

Sumário

Prefácio 5
Apresentação 11
Prefácio da 1ª edição 17
Ao Conservatório Real.. 21

Ato primeiro

Cena I: 37
Cena II: 38
Cena III: 51
Cena IV: 53
Cena V: 54
Cena VI: 58
Cena VII: 58
Cena VIII: 61
Cena IX: 63
Cena X: 64
Cena XI: 65
Cena XII: 65

Ato segundo

Cena I: 67
Cena II: 73
Cena III: 76

Cena IV:	77
Cena V:	79
Cena VI:	82
Cena VII:	82
Cena VIII:	83
Cena IX:	85
Cena X:	85
Cena XI:	86
Cena XII:	87
Cena XIII:	88
Cena XIV:	88
Cena XV:	92

Ato terceiro

Cena I:	93
Cena II:	100
Cena III:	101
Cena IV:	101
Cena V:	102
Cena VI:	106
Cena VII:	107
Cena VIII:	109
Cena IX:	110
Cena X:	111
Cena XI:	112
Cena XII:	113
Perfil biográfico	115
Cronologia	117
Bibliografia do autor	129

181 • COMPLEMENTO DE LEITURA

COLEÇÃO A OBRA-PRIMA DE CADA AUTOR

FREI LUÍS DE SOUSA

Almeida Garrett

TEXTO INTEGRAL

MARTIN CLARET

EDITORA MARTIN CLARET
R. Alegrete, 62 - Bairro Sumaré - São Paulo -SP
Cep: 01254-010 - Tel.: (11) 3672-8144 - Fax.: (11) 3673-7146
www.martinclaret.com.br

Nome _____

Série _____ Grau _____ Professor _____

Escola _____

Esclarecimentos:

Este instrumento de trabalho tem por principal objetivo explorar a leitura, trazendo ao leitor a oportunidade de refletir e de confrontar-se com o texto. Ao nos depararmos com uma obra literária, não podemos desconsiderar o universo contextual do autor e o tipo de reprodução que ele realiza. Passado e presente, estilos individuais, de época, conceitos e preconceitos, tudo deve ser confrontado e analisado para entrarmos em contato profundo com uma obra. Por mais que a arte queira sobreviver por si própria, ela se tornará vazia e sem sentido se não trouxer marcas de humanidade.

A Editora Martin Claret tem como lema "pensar é causar", e lhe convida a trilhar os horizontes pedagógicos que aí estão para fazê-lo "ser mais" e "causar" — e isso quer dizer, operar transformações pessoais e sociais.

Sobre o autor e a obra

Autor da literatura portuguesa, Almeida Garrett deixou um legado de obras encantadoras e inesquecíveis. De uma beleza dramática encantadora e de traços de nacionalismo marcante, a obra deste autor encanta-nos até hoje. Um intelectual engajado na política de seu país, chegou a viver um tempo distante de sua pátria. Ao retornar a Portugal, volta ao trabalho público. Após ter publicado *Viagens na Minha Terra*, a Editora Martin Claret traz mais uma obra-prima deste autor, *Freis Luís de Sousa*. Leia mais para ser mais.

Reflexões:

1. Para melhor compreender os traços da obra de Almeida Garrett, procure identificar as principais características econômicas e sociais que conduziam Portugal naquela época.

_____
_____
_____
_____
_____
_____
_____

2. Sabemos que, de acordo com o tema e características estéticas desenvolvidas pelo autor, assim como a época em que ele viveu, podemos caracterizá-lo em um período literário ou estilo de época. A que período literário pertence Almeida Garrett? Justifique sua resposta com elementos da obra em questão.

_____
_____
_____
_____

3. Justifique o nacionalismo presente na obra de Garrett.

4. Quem foi Frei Luís de Souza e qual sua importância na história de Portugal? No Brasil, o que representou Frei Caneca para nossa história? Trace um paralelo entre os dois e os episódios históricos por eles vividos.

5. Quem é Madalena e o que ela representa no drama?

6. Quais as características das personagens Maria e Madalena e o que representam nesta peça de Garrett?

7. Qual a verdadeira trama que envolve os personagens de Almeida Garrett?

8. Qual a posição do clero na história de Portugal? Até que ponto poderíamos identificar seu poder? Identifique quais os principais conflitos entre o clero e o governo de Portugal que marcaram a história daquele povo.

9. *Sugestão de redação*: após a leitura desta obra de Almeida Garrett, procure elaborar um texto narrativo apresentando todo o enredo da obra lida por você. O ponto de vista do narrador deve ser externo — em terceira pessoa, onipresente. Procure dar ênfase aos momentos dramáticos, identificando em seu texto o clímax e o desfecho da narrativa. Bom trabalho.

Suporte pedagógico editorial:

CRISTINA SPECHOTO: spechoto@martinclaret.com.br

Relação dos Volumes Publicados

1. **Dom Casmurro**
   Machado de Assis
2. **O Príncipe**
   Maquiavel
3. **Mensagem**
   Fernando Pessoa
4. **O Lobo do Mar**
   Jack London
5. **A Arte da Prudência**
   Baltasar Gracián
6. **Iracema / Cinco Minutos**
   José de Alencar
7. **Inocência**
   Visconde de Taunay
8. **A Mulher de 30 Anos**
   Honoré de Balzac
9. **A Moreninha**
   Joaquim Manuel de Macedo
10. **A Escrava Isaura**
    Bernardo Guimarães
11. **As Viagens - "Il Milione"**
    Marco Polo
12. **O Retrato de Dorian Gray**
    Oscar Wilde
13. **A Volta ao Mundo em 80 Dias**
    Júlio Verne
14. **A Carne**
    Júlio Ribeiro
15. **Amor de Perdição**
    Camilo Castelo Branco
16. **Sonetos**
    Luís de Camões
17. **O Guarani**
    José de Alencar
18. **Memórias Póstumas de Brás Cubas**
    Machado de Assis
19. **Lira dos Vinte Anos**
    Álvares de Azevedo
20. **Apologia de Sócrates / Banquete**
    Platão
21. **A Metamorfose/Um Artista da Fome/Carta a Meu Pai**
    Franz Kafka
22. **Assim Falou Zaratustra**
    Friedrich Nietzsche
23. **Triste Fim de Policarpo Quaresma**
    Lima Barreto
24. **A Ilustre Casa de Ramires**
    Eça de Queirós
25. **Memórias de um Sargento de Milícias**
    Manuel António de Almeida
26. **Robinson Crusoé**
    Daniel Defoe
27. **Espumas Flutuantes**
    Castro Alves
28. **O Ateneu**
    Raul Pompéia
29. **O Noviço / O Juiz de Paz da Roça / Quem Casa Quer Casa**
    Martins Pena
30. **A Relíquia**
    Eça de Queirós
31. **O Jogador**
    Dostoiévski
32. **Histórias Extraordinárias**
    Edgar Allan Poe
33. **Os Lusíadas**
    Luís de Camões
34. **As Aventuras de Tom Sawyer**
    Mark Twain
35. **Bola de Sebo e Outros Contos**
    Guy de Maupassant
36. **A República**
    Platão
37. **Elogio da Loucura**
    Erasmo de Rotterdam
38. **Caninos Brancos**
    Jack London
39. **Hamlet**
    William Shakespeare
40. **A Utopia**
    Thomas More
41. **O Processo**
    Franz Kafka
42. **O Médico e o Monstro**
    Robert Louis Stevenson
43. **Ecce Homo**
    Friedrich Nietzsche
44. **O Manifesto do Partido Comunista**
    Marx e Engels
45. **Discurso do Método / Meditações**
    René Descartes
46. **Do Contrato Social**
    Jean-Jacques Rousseau
47. **A Luta pelo Direito**
    Rudolf von Ihering
48. **Dos Delitos e das Penas**
    Cesare Beccaria
49. **A Ética Protestante e o Espírito do Capitalismo**
    Max Weber
50. **O Anticristo**
    Friedrich Nietzsche
51. **Os Sofrimentos do Jovem Werther**
    Goethe
52. **As Flores do Mal**
    Charles Baudelaire
53. **Ética a Nicômaco**
    Aristóteles
54. **A Arte da Guerra**
    Sun Tzu
55. **Imitação de Cristo**
    Tomás de Kempis
56. **Cândido ou o Otimismo**
    Voltaire
57. **Rei Lear**
    William Shakespeare
58. **Frankenstein**
    Mary Shelley
59. **Quincas Borba**
    Machado de Assis
60. **Fedro**
    Platão
61. **Política**
    Aristóteles
62. **A Viuvinha / Encarnação**
    José de Alencar
63. **As Regras do Método Sociológico**
    Émile Durkheim
64. **O Cão dos Baskervilles**
    Sir Arthur Conan Doyle
65. **Contos Escolhidos**
    Machado de Assis
66. **Da Morte / Metafísica do Amor / Do Sofrimento do Mundo**
    Arthur Schopenhauer
67. **As Minas do Rei Salomão**
    Henry Rider Haggard
68. **Manuscritos Econômico-Filosóficos**
    Karl Marx
69. **Um Estudo em Vermelho**
    Sir Arthur Conan Doyle
70. **Meditações**
    Marco Aurélio
71. **A Vida das Abelhas**
    Maurice Materlinck
72. **O Cortiço**
    Aluísio Azevedo
73. **Senhora**
    José de Alencar
74. **Brás, Bexiga e Barra Funda / Laranja da China**
    Antônio de Alcântara Machado
75. **Eugênia Grandet**
    Honoré de Balzac
76. **Contos Gauchescos**
    João Simões Lopes Neto
77. **Esaú e Jacó**
    Machado de Assis
78. **O Desespero Humano**
    Sören Kierkegaard
79. **Dos Deveres**
    Cícero
80. **Ciência e Política**
    Max Weber
81. **Satíricon**
    Petrônio
82. **Eu e Outras Poesias**
    Augusto dos Anjos
83. **Farsa de Inês Pereira / Auto da Barca do Inferno / Auto da Alma**
    Gil Vicente
84. **A Desobediência Civil e Outros Escritos**
    Henry David Toreau
85. **Para Além do Bem e do Mal**
    Friedrich Nietzsche
86. **A Ilha do Tesouro**
    R. Louis Stevenson
87. **Marília de Dirceu**
    Tomás A. Gonzaga
88. **As Aventuras de Pinóquio**
    Carlo Collodi
89. **Segundo Tratado Sobre o Governo**
    John Locke
90. **Amor de Salvação**
    Camilo Castelo Branco
91. **Broquéis/Faróis/Últimos Sonetos**
    Cruz e Souza
92. **I-Juca-Pirama / Os Timbiras / Outros Poemas**
    Gonçalves Dias
93. **Romeu e Julieta**
    William Shakespeare
94. **A Capital Federal**
    Arthur Azevedo
95. **Diário de um Sedutor**
    Sören Kierkegaard
96. **Carta de Pero Vaz de Caminha a El-Rei Sobre o Achamento do Brasil**
97. **Casa de Pensão**
    Aluísio Azevedo
98. **Macbeth**
    William Shakespeare
99. **Édipo Rei/Antígona**
    Sófocles
100. **Lucíola**
     José de Alencar
101. **As Aventuras de Sherlock Holmes**
     Sir Arthur Conan Doyle
102. **Bom-Crioulo**
     Adolfo Caminha
103. **Helena**
     Machado de Assis
104. **Poemas Satíricos**
     Gregório de Matos

105. **Escritos Políticos / A Arte da Guerra**
Maquiavel

106. **Ubirajara**
José de Alencar

107. **Diva**
José de Alencar

108. **Eurico, o Presbítero**
Alexandre Herculano

109. **Os Melhores Contos**
Lima Barreto

110. **A Luneta Mágica**
Joaquim Manuel de Macedo

111. **Fundamentação da Metafísica dos Costumes e Outros Escritos**
Immanuel Kant

112. **O Príncipe e o Mendigo**
Mark Twain

113. **O Domínio de Si Mesmo Pela Auto-Sugestão Consciente**
Émile Coué

114. **O Mulato**
Aluísio Azevedo

115. **Sonetos**
Florbela Espanca

116. **Uma Estadia no Inferno / Poemas / Carta do Vidente**
Arthur Rimbaud

117. **Várias Histórias**
Machado de Assis

118. **Fédon**
Platão

119. **Poesias**
Olavo Bilac

120. **A Conduta para a Vida**
Ralph Waldo Emerson

121. **O Livro Vermelho**
Mao Tsé-Tung

122. **Oração aos Moços**
Rui Barbosa

123. **Otelo, o Mouro de Veneza**
William Shakespeare

124. **Ensaios**
Ralph Waldo Emerson

125. **De Profundis / Balada do Cárcere de Reading**
Oscar Wilde

126. **Crítica da Razão Prática**
Immanuel Kant

127. **A Arte de Amar**
Ovídio Naso

128. **O Tartufo ou O Impostor**
Molière

129. **Metamorfoses**
Ovídio Naso

130. **A Gaia Ciência**
Friedrich Nietzsche

131. **O Doente Imaginário**
Molière

132. **Uma Lágrima de Mulher**
Aluísio Azevedo

133. **O Último Adeus de Sherlock Holmes**
Sir Arthur Conan Doyle

134. **Canudos - Diário de Uma Expedição**
Euclides da Cunha

135. **A Doutrina de Buda**
Siddharta Gautama

136. **Tao Te Ching**
Lao-Tsé

137. **Da Monarquia / Vida Nova**
Dante Alighieri

138. **A Brasileira de Prazins**
Camilo Castelo Branco

139. **O Velho da Horta/Quem Tem Farelos?/Auto da Índia**
Gil Vicente

140. **O Seminarista**
Bernardo Guimarães

141. **O Alienista / Casa Velha**
Machado de Assis

142. **Sonetos**
Manuel du Bocage

143. **O Mandarim**
Eça de Queirós

144. **Noite na Taverna / Macário**
Álvares de Azevedo

145. **Viagens na Minha Terra**
Almeida Garrett

146. **Sermões Escolhidos**
Padre Antonio Vieira

147. **Os Escravos**
Castro Alves

148. **O Demônio Familiar**
José de Alencar

149. **A Mandrágora / Belfagor, o Arquidiabo**
Maquiavel

150. **O Homem**
Aluísio Azevedo

151. **Arte Poética**
Aristóteles

152. **A Megera Domada**
William Shakespeare

153. **Alceste/Electra/Hipólito**
Eurípedes

154. **O Sermão da Montanha**
Huberto Rohden

155. **O Cabeleira**
Franklin Távora

156. **Rubáiyát**
Omar Khayyám

157. **Luzia-Homem**
Domingos Olímpio

158. **A Cidade e as Serras**
Eça de Queirós

159. **A Retirada da Laguna**
Visconde de Taunay

160. **A Viagem ao Centro da Terra**
Júlio Verne

161. **Caramuru**
Frei Santa Rita Durão

162. **Clara dos Anjos**
Lima Barreto

163. **Memorial de Aires**
Machado de Assis

164. **Bhagavad Gita**
Krishna

165. **O Profeta**
Khalil Gibran

166. **Aforismos**
Hipócrates

167. **Kama Sutra**
Vatsyayana

168. **O Livro da Jângal**
Rudyard Kipling

169. **De Alma para Alma**
Huberto Rohden

170. **Orações**
Cícero

171. **Sabedoria das Parábolas**
Huberto Rohden

172. **Salomé**
Oscar Wilde

173. **Do Cidadão**
Thomas Hobbes

174. **Porque Sofremos**
Huberto Rohden

175. **Einstein: o Enigma do Universo**
Huberto Rohden

176. **A Mensagem Viva do Cristo**
Huberto Rohden

177. **Mahatma Gandhi**
Huberto Rohden

178. **A Cidade do Sol**
Tommaso Campanella

179. **Setas para o Infinito**
Huberto Rohden

180. **A Voz do Silêncio**
Helena Blavatsky

181. **Frei Luís de Sousa**
Almeida Garrett

182. **Fábulas**
Esopo

183. **Cântico de Natal/ Os Carrilhões**
Charles Dickens

184. **Contos**
Eça de Queirós

185. **O Pai Goriot**
Honoré de Balzac

186. **Noites Brancas e Outras Histórias**
Dostoiévski

187. **Minha Formação**
Joaquim Nabuco

188. **Pragmatismo**
William James

189. **Discursos Forenses**
Enrico Ferri

190. **Medéia**
Eurípedes

191. **Discursos de Acusação**
Enrico Ferri

192. **A Ideologia Alemã**
Marx & Engels

193. **Prometeu Acorrentado**
Ésquilo

194. **Iaiá Garcia**
Machado de Assis

195. **Discursos no Instituto dos Advogados Brasileiros / Discurso no Colégio Anchieta**
Rui Barbosa

196. **Édipo em Colono**
Sófocles

197. **A Arte de Curar pelo Espírito**
Joel S. Goldsmith

198. **Jesus, o Filho do Homem**
Khalil Gibran

199. **Discurso sobre a Origem e os Fundamentos da Desigualdade entre os Homens**
Jean-Jacques Rousseau

200. **Fábulas**
La Fontaine

201. **O Sonho de uma Noite de Verão**
William Shakespeare

202. **Maquiavel, o Poder**
José Nivaldo Junior

203. **Ressurreição**
Machado de Assis

204. **O Caminho da Felicidade**
Huberto Rohden

205. **A Velhice do Padre Eterno**
Guerra Junqueiro

206. **O Sertanejo**
José de Alencar

207. **Gitanjali**
Rabindranath Tagore

208. **Senso Comum**
Thomas Paine

209. **Canaã**
Graça Aranha

210. **O Caminho Infinito**
Joel S. Goldsmith

211. **Pensamentos**
Epicuro

212. **A Letra Escarlate**
Nathaniel Hawthorne

213. **AUTOBIOGRAFIA**
Benjamin Franklin

214. **MEMÓRIAS DE SHERLOCK HOLMES**
Sir Arthur Conan Doyle

215. **O DEVER DO ADVOGADO / POSSE DE DIREITOS PESSOAIS**
Rui Barbosa

216. **O TRONCO DO IPÊ**
José de Alencar

217. **O AMANTE DE LADY CHATTERLEY**
D. H. Lawrence

218. **CONTOS AMAZÔNICOS**
Inglês de Souza

219. **A TEMPESTADE**
William Shakespeare

220. **ONDAS**
Euclides da Cunha

221. **EDUCAÇÃO DO HOMEM INTEGRAL**
Huberto Rohden

222. **NOVOS RUMOS PARA A EDUCAÇÃO**
Huberto Rohden

223. **MULHERZINHAS**
Louise May Alcott

224. **A MÃO E A LUVA**
Machado de Assis

225. **A MORTE DE IVAN ILICT / SENHORES E SERVOS**
Leon Tolstói

226. **ÁLCOOIS**
Apollinaire

227. **PAIS E FILHOS**
Ivan Turguêniev

228. **ALICE NO PAÍS DAS MARAVILHAS**
Lewis Carroll

229. **À MARGEM DA HISTÓRIA**
Euclides da Cunha

230. **VIAGEM AO BRASIL**
Hans Staden

231. **O QUINTO EVANGELHO**
Tomé

232. **LORDE JIM**
Joseph Conrad

233. **CARTAS CHILENAS**
Tomás António Gonzaga

234. **ODES MODERNAS**
Anntero de Quental

235. **DO CATIVEIRO BABILÔNICO DA IGREJA**
Martinho Lutero

236. **O CORAÇÃO DAS TREVAS**
Joseph Conrad

237. **THAIS**
Anatole France

238. **ANDRÔMACA / FEDRA**
Racine

239. **AS CATILINÁRIAS**
Cícero

240. **RECORDAÇÕES DA CASA DOS MORTOS**
Dostoiévski

241. **O MERCADOR DE VENEZA**
William Shakespeare

242. **A FILHA DO CAPITÃO / A DAMA DE ESPADAS**
Aleksandr Púchkin

243. **ORGULHO E PRECONCEITO**
Jane Austen

244. **A VOLTA DO PARAFUSO**
Henry James

245. **O GAÚCHO**
José de Alencar

246. **TRISTÃO E ISOLDA**
Lenda Medieval Celta de Amor

247. **POEMAS COMPLETOS DE ALBERTO CAEIRO**
Fernando Pessoa

248. **MAIAKÓVSKI**
Vida e Poesia

249. **SONETOS**
William Shakespeare

250. **POESIA DE RICARDO REIS**
Fernando Pessoa

251. **PAPÉIS AVULSOS**
Machado de Assis

252. **CONTOS FLUMINENSES**
Machado de Assis

253. **O BOBO**
Alexandre Herculano

254. **A ORAÇÃO DA COROA**
Demóstenes

255. **O CASTELO**
Franz Kafka

256. **O TROVEJAR DO SILÊNCIO**
Joel S. Goldsmith

257. **ALICE NA CASA DOS ESPELHOS**
Lewis Carrol

258. **MISÉRIA DA FILOSOFIA**
Karl Marx

259. **JÚLIO CÉSAR**
William Shakespeare

260. **ANTÔNIO E CLEÓPATRA**
William Shakespeare

261. **FILOSOFIA DA ARTE**
Huberto Rohden

262. **A ALMA ENCANTADORA DAS RUAS**
João do Rio

263. **A NORMALISTA**
Adolfo Caminha

264. **POLLYANNA**
Eleanor H. Porter

265. **AS PUPILAS DO SENHOR REITOR**
Júlio Diniz

266. **AS PRIMAVERAS**
Casimiro de Abreu

267. **FUNDAMENTOS DO DIREITO**
Léon Duguit

268. **DISCURSOS DE METAFÍSICA**
G. W. Leibniz

269. **SOCIOLOGIA E FILOSOFIIA**
Émile Durkheim

270. **CANCIONEIRO**
Fernando Pessoa

271. **A DAMA DAS CAMÉLIAS**
Alexandre Dumas (filho)

272. **O DIVÓRCIO / AS BASES DA FÉ / E OUTROS TEXTOS**
Rui Barbosa

273. **POLLYANNA MOÇA**
Eleanor H. Porter

274. **O 18 BRUMÁRIO DE LUÍS BONAPARTE**
Karl Marx

275. **TEATRO DE MACHADO DE ASSIS**
Antologia

276. **CARTAS PERSAS**
Montesquieu

277. **EM COMUNHÃO COM DEUS**
Huberto Rohden

278. **RAZÃO E SENSIBILIDADE**
Jane Austen

279. **CRÔNICAS SELECIONADAS**
Machado de Assis

280. **HISTÓRIAS DA MEIA-NOITE**
Machado de Assis

281. **CYRANO DE BERGERAC**
Edmond Rostand

282. **O MARAVILHOSO MÁGICO DE OZ**
L. Frank Baum

283. **TROCANDO OLHARES**
Florbela Espanca

284. **O PENSAMENTO FILOSÓFICO DA ANTIGUIDADE**
Huberto Rohden

285. **FILOSOFIA CONTEMPORÂNEA**
Huberto Rohden

286. **O ESPÍRITO DA FILOSOFIA ORIENTAL**
Huberto Rohden

287. **A PELE DO LOBO / O BADEJO / O DOTE**
Artur Azevedo

SÉRIE OURO
(Livros com mais de 400 p.)

1. **LEVIATÃ**
Thomas Hobbes

2. **A CIDADE ANTIGA**
Fustel de Coulanges

3. **CRÍTICA DA RAZÃO PURA**
Immanuel Kant

4. **CONFISSÕES**
Santo Agostinho

5. **OS SERTÕES**
Euclides da Cunha

6. **DICIONÁRIO FILOSÓFICO**
Voltaire

7. **A DIVINA COMÉDIA**
Dante Alighieri

8. **ÉTICA DEMONSTRADA À MANEIRA DOS GEÔMETRAS**
Baruch de Spinoza

9. **DO ESPÍRITO DAS LEIS**
Montesquieu

10. **O PRIMO BASÍLIO**
Eça de Queirós

11. **O CRIME DO PADRE AMARO**
Eça de Queirós

12. **CRIME E CASTIGO**
Dostoiévski

13. **FAUSTO**
Goethe

14. **O SUICÍDIO**
Emile Durkheim

15. **ODISSÉIA**
Homero

16. **PARAÍSO PERDIDO**
John Milton

17. **DRÁCULA**
Bram Stocker

18. **ILÍADA**
Homero

19. **AS AVENTURAS DE HUCKLEBERRY FINN**
Mark Twain

20. **PAULO – O 13º APÓSTOLO**
Ernest Renan

21. **ENEIDA**
Virgílio

22. **PENSAMENTOS**
Blaise Pascal

23. **A ORIGEM DAS ESPÉCIES**
Charles Darwin

24. **VIDA DE JESUS**
Ernest Renan

25. **MOBY DICK**
Herman Melville

26. **OS IRMÃOS KARAMAZOVI**
Dostoiévski

27. **O MORRO DOS VENTOS UIVANTES**
Emily Brontë

28. **VINTE MIL LÉGUAS SUBMARINAS**
Júlio Verne

29. **MADAME BOVARY**
Gustave Flaubert

30. **O VERMELHO E O NEGRO**
Stendhal

31. **Os Trabalhadores do Mar**
    Victor Hugo
32. **A Vida dos Doze Césares**
    Suetônio
34. **O Idiota**
    Dostoiévski
35. **Paulo de Tarso**
    Huberto Rohden
36. **O Peregrino**
    John Bunyan
37. **As Profecias**
    Nostradamus
38. **Novo Testamento**
    Huberto Rohden
39. **O Corcunda de Notre Dame**
    Victor Hugo
40. **Arte de Furtar**
    Anônimo do século XVII
41. **Germinal**
    Émile Zola
42. **Folhas de Relva**
    Walt Whitman
43. **Ben-Hur — Uma História dos Tempos de Cristo**
    Lew Wallace
44. **Os Maias**
    Eça de Queirós
45. **O Livro da Mitologia**
    Thomas Bulfinch
46. **Os Três Mosqueteiros**
    Alexandre Dumas
47. **Poesia de Álvaro de Campos**
    Fernando Pessoa
48. **Jesus Nazareno**
    Huberto Rohden
49. **Grandes Esperanças**
    Charles Dickens
50. **A Educação Sentimental**
    Gustave Flaubert
51. **O Conde de Monte Cristo (Volume I)**
    Alexandre Dumas
52. **O Conde de Monte Cristo (Volume II)**
    Alexandre Dumas
53. **Os Miseráveis (Volume I)**
    Victor Hugo
54. **Os Miseráveis (Volume II)**
    Victor Hugo
55. **Dom Quixote de La Mancha (Volume I)**
    Miguel de Cervantes
56. **Dom Quixote de La Mancha (Volume II)**
    Miguel de Cervantes
58. **Contos Escolhidos**
    Artur Azevedo